我是傳奇

i'm the legend

Toyz
劉偉健 著

英雄聯盟世界冠軍Toyz的人生實況

推薦序——

《英雄聯盟》S2世界冠軍隊員眼中的中路野獸Toyz

■台灣隊長：MiSTakE

MiSTakE，本名陳彙中，《英雄聯盟》S2世界總決賽冠軍，時任輔助，現為「魔競娛樂」執行長，該公司跨足實況主經紀以及數位影音節目製作，旗下有多位知名藝人與實況主。

如果要談的話，一切都得從那個時候說起，我跟Toyz是因為工作才認識的，其實當初Toyz加入時我還頗擔心的，想說他一個香港人會不會不太好相處，但後來發現Toyz是個很隨和的人，在工作上，Toyz很負責任也很盡責，在當時的電競環境沒有所謂的教練，而他會協助我們建立戰術體系，我們會一起進行決策，還有一些在遊戲裡的運營，當時我和他算是共同決策者，我和Toyz的人生經歷類似，看待事情的態度也都比較雷同，我們都願意為了目標而努力，也可以為了目標去調整自己，印象中我們沒有起過衝突，也不會執意說一定要聽誰的，基於對於遊戲的認知挺一致的，他向來也是個配合度很高的人。

在TPA集訓時期，我和Toyz是室友，我個人在求學階段都是住家裡，所以第一次有了住宿舍的經驗，對我來說也很新鮮，但我並沒有跟大家有很多的接觸，在我印象中Toyz是個很捨得花錢的人，我想這是香港人跟台灣人很不同的地方吧，在那個時候我們賺一樣的錢，他就很肯去買些東西來犒賞自己、慰勞自己的辛勞，也願意花錢在一些物質的享受上，透過這樣來獎勵自己。而我到了很後來才知道這件事情的重要，但是他很早就知道了，我想這跟出社會出得早也有關係。

如果要論起我對Toyz印象最深刻的一件事情那肯定是公司為我們安排課程的那次，為了要讓我們團隊更有向心力，公司替我們找了訓練凝聚力的課程，那時候戰隊的狀態也比較差一點，那堂課上，老師要我們說出內心的話然後擁抱彼此，那時候談著談著，我也忘了我說了什麼，但最後我和Toyz都哭了，我們抱著彼此哭得唏哩嘩啦的，在那一刻我想我們真的是某種程度上很雷同的人，我們都很早就出社會，也懂得武裝自己，然後長成社會所期待的模樣，我們是相似的。

奪冠之後，我們雖然被分作TPA與TPS，不過我們還是用同一個宿舍，對我們來說TPA是個難以擊敗的對手也是努力的目標，起初我們是打不贏他們的，但漸漸地我們開始打敗他們，而且還取得了長時間的領先，面對這樣的狀況，Toyz與Bebe展現出想要爭一口氣的態度，而當我離開TPA之後，Toyz幾乎是自然而然地成為了他們的隊長，對於這個戰隊也很盡心盡力、為整個團隊負責，那個時候就可以發現Toyz其實相當了解該怎麼去幫助團隊。

Toyz自離開TPA之後也發生滿多事情，我覺得他的個性圓融許多，其實不只是他、我們都是，當時的我年少輕狂，很多衝突起因都只是我們涉世未深，因為太過年輕所以沒辦法站在對方的立場去思考這些問題，我想他經歷過的火花肯定比我的還多，甚至聽說過他曾瀕臨破產，所以我想他肯定改變了不少。

Toyz是個聰明而且鋒芒外露的人，他對事情的應變跟學習能力都很強，加上他早出社會的積累，他的聰明不會讓他鎖死在某個特定的方面，他會追求每個階段的成就感，一旦有了目標就會盡全力去完成，所以比起奧莉安娜，Toyz更讓我聯想到逆命這個角色，他變化多端而且總是能逃出生天，Toyz知道而且也清楚怎麼用更快的方式去獲得自己想要的東西，而在我印象中，他也很喜歡這個角色，我現在偶爾會看他的實況、Vlog或其他YouTube影片，他完全有抓到在這個時代經營媒體的關鍵點，也知道觀眾想看什麼元素的作品，所以他真的是一位策略相當出色的人。

知道Toyz要出自傳了，我也祝福他一切順利，我們都退役了，其實現在檯面上的選手也都換過一輪了，世代更替的狀況下我希望我們這代人能有更好的未來：能發展得很好，我也希望Toyz過得很好，如果可以的話，希望他能多幫一點人，施比受更有福，未來也一起加油。

■上路帝王：Stanley

Stanley，本名王榮燦，《英雄聯盟》S2 世界總決賽冠軍，時任上路，現為熱門實況主，以豐富遊戲知識與靈活多變的選角聞名的他，經常與玩家分享他的遊戲實驗心得，深受玩家歡迎。

我對 Toyz 的第一印象？其實已經有點模糊了。一剛開始我們奪冠的隊伍並沒有他，直到成立之後他才中途加入。當時我們都還是小朋友，之前也沒跟香港人相處過，原本擔心會不會有隔閡或代溝？想了很多，直到他正式加入我們之後，相處起來卻很融洽。如果從他的外貌來評斷，也許會覺得他似乎是有點跩跩的人，或許也不是很好相處，但其實他蠻北爛、也很好說話，是個聰明、幽默，也很願意跟大家聊天、溝通的人。

在 TPA 隊內，他跟我的感情是最好的，我記得我們去打世界賽時因為賽程拉得很長，前前後後待了快 20 天，那時候剛好我在美國的家人舉辦婚禮，所以我還帶著他去參加，現在回想起來帶著他參加婚禮好像是件蠻奇怪的事，但也足見我們感情真的很好。平時雖然很少聊內心的真心話，但在遊戲上我們可說是無話不說，就算偶爾起爭執，也會有默契地避而不談，過兩三個禮拜之後其實就沒事了，不管遇到什麼事情我們都是這樣處理。

後來我們一起拿下世界冠軍，最有印象的事情是在頒獎的時候我們幾個人全部都在升降梯上，在升降梯還沒升上去之前，我們在那邊看著彼此，大家臉上全都掛著開心的笑容，除了Toyz，他一直在哭、眼淚掉得很厲害，在我的印象中，他似乎沒有哭過，當時我其實不是很懂為什麼他會在這時候掉眼淚？後來想想，也許是想到過去的事吧？當時很多台灣網友並不支持他，甚至常常會刷「港仔滾啦」之類刻薄的評論，所以他的壓力遠比我們其他人都來得大。上台那一刻他會哭，想必是覺得自己終於做到了，已經能夠向別人證明自己了！

至於他曲折的人生，我相信大家都略知一二，那時候我也從HKE離隊，決定去美國找我哥玩，沒想到過了三、四個月他就私訊我說想找我一起開實況，我覺得這是個互相幫忙的契機，所以也願意跟他放手一搏，後來我們一起開了直播，當時大家都很想念他，不諱言我也是，我記得那天觀看人數很高，觀眾反響也很好，但就在當天晚上，我就接到鍾先生的電話，他說：「你這樣是違反競業條款的，我可以告你」之類的話，甚至表示只要我不跟 Toyz 合作，那麼我和他們公司可以有很多合作空間，但對我來說，這些都不重要，因為我從美國回到台灣為的就是要力挺這個朋友，所以不可能因為這樣的威脅就卻步。

的確我家人曾經告誡我不要得罪有錢人，但面對友情，我覺得友情在我心中的地位還是比較可貴，加上我和鍾先生公司的合約早已走完，調查完法律之後，我更是有恃無恐，心想著「要告來告，連我一起告啊！」

但其實也滿遺憾的，畢竟之前 Toyz 跟鍾先生的關係很好，走到這步也是始料未及。在成立自己的戰隊 Raise Gaming 以後〈G-rex 前身〉，後來 Toyz 自己也遇到了資金周轉不靈的情況，所以我們之間有點爭執，那時候他也過得很慘，為了付選手薪水而到處跟朋友借錢，卻因為覺得對我有所虧欠而不敢跟我借，至今我們似乎都還沒好好談過這件事情。不過我想這也是我們之間的默契跟共識，畢竟朋友合作難免就是會吵架，但我們都還是很珍惜這段友情。

其實Toyz一路走來樹立了不少敵人，離開TPA的時候，當時的CEO不開心，離開HKE的時候，鍾先生不開心，作為朋友其實也很擔心他跟新老闆會不會再有什麼不愉快？幸好感覺現在看起來他合作得很愉快，現在的他似乎找到了更好的與人相處之道。我們也很常出去玩，出去按摩或吃宵夜，如果有什麼喜歡的遊戲上市，我們甚至一個週末就可以一起玩上四十小時，可能比他和女朋友相處的時間還久。雖然最近有點各忙各的工作，但還是有機會碰頭，我覺得這樣很好。

Toyz一路走來，都會讓我聯想到他的經典成名角色「奧莉安娜」，遊戲內的他表現宛如現實一般，他總是會給他的對手或隊友一個意外的驚喜，現實也是不論爭論獎金或是跟鍾先生的冷凍大戰甚至到後來的藏頭詩，他總是帶給所有人一番驚喜，就像在遊戲內他打得很兇殘也很敢衝，但有的時候又會衝過頭就死掉了⋯。而如今的他，已經比年輕時期溫和，也穩定成熟多了。

老實說，這一路走來我也很感謝他，沒有他我們也不會拿到冠軍，沒有他就沒有現在的我們，感謝他一直都在這。

■聖光球：Lilballz

Lilballz，本名宋寬柏，《英雄聯盟》S2世界總決賽冠軍，時任打野，退役後轉任職教練與LMS聯賽賽評，犀利直接的賽評風格獨樹一幟，深受粉絲喜愛。

記得當年Toyz是以第六位成員身分加入TPA的。那天他穿得很帥，特別長的風衣還有尖頭皮鞋，當天風很大的他看起來相當飄逸，彷彿是從什麼韓國電影裡面走出來的歐巴，我還記得我對他說的第一句話是：「你這個行李箱顏色滿好看的。」那是與他很相襯的金屬殼深紅色，也是我最喜歡的顏色。

與外人的認知也許不同，我覺得他真的是個很好相處的人。頭腦相當聰明也很好溝通，與他討論任何事情時都會覺得非常輕鬆。在比賽團練時我們常常會有戰術上的溝通需求，通常這個時候Toyz和MiSTakE就會有比較多想法，而當我想表達個人意見時，他往往能很快理解。這一點，在當時我並沒察覺有什麼特別之處？一直到後來，自己當了教練才發現原來人與人之間的溝通並沒有那麼簡單，要讓另一個人完全明白你的想法原來是這麼困難。而我也在那個時候意識到有 Toyz 這麼一個聰明的人存在是多麼的難得。就算有時候你可以感受到 Toyz 覺得自己的意見比較好，但他還是會告訴你：「那我們試試你的吧。」

所以，我心目中的 Toyz，是個懂得在溝通過程給人彈性，處世也相當圓融的人。

因為 Toyz 是香港人，而我是屏東人，所以比起其他隊友，我們倆有較多的時間待在宿舍，除了《英雄聯盟》以外我們也時常玩其他的遊戲，當時流行什麼我們就玩什麼，當然也不乏一些奇怪的垃圾遊戲，我們會待在宿舍玩，然後像是互相角力般，到了吃飯時間兩人就會開始忍，看誰最後會忍不住說要去吃東西？但我永遠是那個比較容易餓的人，這時我就會去找東西來吃，而不論吃什麼 Toyz 都沒什麼意見，不論買什麼都吃，我說要吃什麼，他就吃什麼，個性真的很隨和好相處。

相對於平時的隨和，Toyz 在遊戲中則是個相當認真嚴謹的人，他會盡自己所能去練習隊伍需要的角色，隊伍要他拿什麼角色出來都沒問題，不僅如此他還能再把對方打爆。在即將前往比賽的三、四個月前，我們曾展開密集訓練，不過成效似乎不那麼好，那時候Toyz找我聊天，講著講著他就哭了，他說：「其實我中路需要很多幫助，但我不敢跟你說。」當下其實我滿自責的，因為我們整個團隊都很想贏，所以可能是這樣的狀況讓我在那段時間口氣或態度都不是太好，變成一個讓人敬而遠之的人，那天我其實很難過，而那也是他第一次給我回饋，自從那次之後，我們的團練成績就風生水起，比起同年齡的人，Toyz真的成熟很多，老實說，我也很抱歉當初讓他受委屈了。

當我們拿下世界冠軍，記得比賽場地旁邊就是遊樂園，我們發現一家中式餐館，那時我與Toyz、Stanley、Bebe同行，打開菜單之後發現價格貴得離譜，正猶豫著到底要點什麼時，Toyz大笑著推著我們說：「我們都贏了，這些還貴嗎？」或許就是賭這麼一口氣，我們基本上把菜單上的東西都點過一輪，送上來之後發現餐點分量超大，也無怪乎定價會這麼貴，記得我們甚至吃不到三分之一就全部陣亡，甚至似乎有人吐在路邊，那個記憶對我來說既特別又深刻。

後來他人生起起伏伏的事情大家也都知道了，不過在他遇到困難的時候並沒有來找過我，若是他來找我，我肯定會幫忙他，因為幫助Toyz是值得的事，就算借錢不還我也會覺得算了，只要他願意開口。〈除非要我出門，因為我真的很懶得出門。〉

很多人說Toyz變了很多，但我以朋友的角度來看，他其實從沒改變過，依舊是個會幫自己設定目標，為了達成目標會拚盡一切的人，只要是想要的就會努力實踐，自TPA隊友時期我就相當喜歡他這樣的個性，即使後來我們都不當選手了，他給我的感覺還是一樣的，會努力做好所有事情。

或許Toyz對很多人來說是很特別的存在，但對我來說他不是，他只是我的好朋友兼好隊友，TPA是我們實現夢想的地方，而他是裡面特別有趣的人，他的人生起起伏伏，能堅持到今天並取得現在的成就實屬不易，尤其是能熬過先前的難關我很替他感到開心，也希望他未來的日子不會再那麼顛簸，祝福他的生涯一路順風，萬事順利。

■傻笑之王：BeBe

Bebe，本名張博為，《英雄聯盟》S2世界總決賽冠軍，時任AD Carry，在S7全明星賽後正式退役，在2018年1月21日以前，Bebe是台灣累積獎金最高的電競選手，現為J Team旗下實況主的他依舊掛著招牌傻笑繼續奮鬥。

我跟Toyz認識的時間比TPA其他人還早，那時候我們隸屬CG，但一起打的比賽也不多，對他的印象只有號稱最強中路選手，遊戲時很有自信也有點火爆，那時候很流行評價三大選手什麼的，我跟Toyz都很希望自己是第一AD及第一中路，後來我們一起加入了TPA。

TPA對我來說就是我的全部，我很常說沒有《英雄聯盟》和TPA就沒有現在的我，老實說，沒有拿到世界冠軍的話，我什麼都不是。我們五個都很重要，但論起MVP我會給Toyz，他在系列賽中表現得非常穩定，我和他都是好勝心很強的人，如果輸掉比賽就會很不開心。而那一年能在所有隊伍都很小看我們的狀態下奪下世界冠軍，我們真的很開心。

私下的 Toyz 不是很愛說話的類型，但往往是最嘴砲的那個，講出來的話也都很好笑；對待遊戲既認真又努力，身為他的隊友我們完全可以感受到他很想贏下每場比賽。Toyz 也因為自身的努力造就了他的成就，他總能隨著遊戲主流版本改動而打出不一樣的風采，不論選什麼角色都能把對方打爆，甚至是跟對方互換角色都可以。記得在冠軍頒獎典禮上 Toyz 哭了：我似乎不曾看過他哭，當時大家都很開心，而他是唯一一個哭的選手，那時候的我只想著「哇，他怎麼這樣？」，明明我是隊裡面最愛哭的，結果哭的反而是 Toyz，真的讓我蠻意外的，但也能體會他內心的感受。

後來，Toyz 跟 Stanley 都離開 TPA 了，那時候的我其實很難過，因為當年一起奮鬥的隊友一個一個都走了，說著要去念書什麼的，結果又跑去加入別人隊伍，當年的我甚至是有點難以諒解的，記得那時我還 PO 過這段文：「淘汰 HKA 就是我明年最大的動力。」但隔天醒來我就有點不懂為什麼昨晚要 PO 這個？這就是我的個性吧，沒有什麼隔夜仇，睡一覺就忘記了，而且之後看了其他職業聯賽才發現轉換隊伍其實是件稀鬆平常的事情，也就更加釋懷了。

論私交，我跟 Toyz 可以說是相當要好的，身為雙 Carry 位其實我們不太起衝突，好勝心也讓我們對比賽的目標相當一致，談起最令我印象深刻的便是我們 2013 年一起去參加了《英雄聯盟》全明星賽，我和 Toyz 睡同一間房，那時候的我還有點笨拙，很多英文都不懂，在國外飯店房間裡連要刮鬍刀都沒辦法，幸好有 Toyz 很帥氣地出面幫我解圍。

「以後就沒人幫你拿刮鬍刀了，你要加油喔。」

那時候的他拿著刮鬍刀這麼跟我說，其實當下我很不捨、難過，因為有種他真正離我們遠去的感覺，心情甚至是有一點想哭的。

最近在我的婚禮上，Toyz 不知道是喝多了？還是怎麼樣的？他拿著酒杯到處敬酒，也跟當年的 Retty 大和解，我覺得要回頭去面對當年的事情真的很困難，但他做到了，將心結化開的他看起來格外的自在，然後 Toyz 也有來找我，笑著跟我說這是他第一次參加朋友的婚禮，而且第一次就參加戰友的婚禮真的很開心，他也很為我的幸福感到快樂，還說著我的小孩出生之後他要當寶寶的乾爹。

這幾年來我覺得Toyz的性格並沒有什麼改變，他現在的直播風格其實就是他當年TPA隊內的表現，風趣而幽默，最重要的是不論做什麼都很用心也很認真，規劃上也很仔細，不論是直播還是他現在的YouTube頻道都看得出他的盡心盡力，與當年當選手的時候別無二致，現在的他拿掉了拘束器，而且歷練也變得更豐富了，雖然他的年紀比我小，但是他歷練比我多，所以往往會有種他才是哥哥的錯覺。

如果要說Toyz像誰的話，我覺得應該是他也很喜歡的維克特吧？只是跟當年不同，現在的他可以摘掉面具了，也能裝上強化晶片了，接下來就繼續加油吧，希望他事業再創高峰，也期待他想經營的事業可以一切順利，然後希望他注重自己的健康（雖然我覺得他應該沒什麼問題），希望他能一切平平安安，而因為我現在人在高雄，所以就祝福他發大財吧！

CONTENTS

目錄

PART 01

築夢——成「獸」之路

邁向榮耀

在前往世界賽的前三個月，我們幾個為了集訓而住在宿舍，每天早上十點起床，我習慣做一些伸展動作之後，便進到訓練室進行密集的訓練，負責打理我們生活起居的是領隊泡芙，她是個媽媽級的經理，也是當初我來到台灣的窗口，她每天細心地為我們瞻前顧後，其中最為致命的莫過於她喜歡煮東西給大家吃。

由於集訓，我們基本上寸步不離宿舍，一是訓練抽不開身，二是因為戰隊管理嚴格，我們不被允許外食，頂多是到樓下的便利商店買點想喝的飲料，三餐宵夜都是由泡芙為我們處理的，比起經理更像是我們的保母，而保母泡芙相當熱衷於做料理——即便她並不擅長。

集訓時，我的室友是 MisTakE，心思縝密的他與我個性相近，由於性格相似也了解彼此的底線，我們就像是房間裡兩張平行擺放的雙層床，除了室友與同事這兩個身分以外，我與他之間再也無他。

集訓期間大約三個月，我們說過的話不超過三句，對話也僅限於公事上的交流，其他的溝通頂多是「欸，幫我把遙控器拿過來。」、「嗯。」這便是我們的極限，話雖如此，我與他之間卻有著百分之百的信任。

當時《英雄聯盟》這款遊戲與現在相當不同，中期必須靠 AP Carry 打出破口，後期則是要保護著 AD Carry 進行團戰，而我不論是什麼時期都能做得很好，所以 MisTakE 也不會對我多說什麼，我們倆只是默默做著自己該做的事情，盡好本分，也永遠不會越線，如此而已。

因為心緒較為複雜的關係，我知道彼此在打著什麼樣的算盤，也不用多作猜測。在那個時候，電競戰隊是沒有教練，也沒有分析師的，MisTakE 肩負起這個責任，他會主導分析，而我會在旁邊出主意，因為我在遊戲中表現穩定，所以平時 MisTakE 也很少跟我多說什麼，檢討隊友的任務基本上都交給他來做，如果我有自己的想法也會提出，但對我來說，我的工作只是把本分做好。

但其實不論是發生什麼，我們也很直接説出自己內心真正的想法，或者是指摘出來別人的錯誤，即使彼此有小缺陷，也不會刻意去刨挖出來，我想這就是台灣人的個性吧，明哲保身而不願當出頭鳥，含蓄內斂而不願意傷害別人，即使牽扯到利益，也不願意將事情攤到陽光底下談。

但有那麼一樁事被攤到陽光底下談了。當時在進集訓宿舍前，MisTakE 談了場戀愛，年輕人搞曖昧、談戀愛的粉紅泡泡，對大家來説，只要不影響士氣，那是無所謂的，但如果影響到團隊氣氛的話，那問題可就大了。

「欸，你們怎麼都沒有在看比賽啊？」MisTakE 有天這麼抱怨了。

「對啊！只有 MisTakE 下班還在看 VOD！」她答腔。

這是在唱雙簧嗎？我心想，但沒有説出口。

面對世界級大賽誰不認真？誰不是嚴陣以待？而且嚴格說來MisTakE身為隊長，他有許多事情沒有點出來，比如說隊友配合不夠好，在線上表現得太過獨立，團戰處理不夠細膩，這些都是要放慢速度，像是看畫片般一格一格解釋的，哪是像國小老師罵學生一樣說：「你們都不認真！」

不過這僅是冰山一角，後來狀況越演越烈，這段戀情也漸漸開始影響MisTakE的表現，這些也被泡芙看在眼裡，最後開了個小會，阻止了這段關係。這段剛萌芽的戀情就被掐斷在起源了，畢竟這是電競戰隊，當一個人浪費時間，會浪費的是全隊的時間，不只對我來說是如此，對整支隊伍都是，在那個時候，MisTakE有太多需要煩惱的事情，不論是隊伍磨合的問題，戰術攻略的問題，選手打法風格的問題，這些都是他該擔心的，無法因為這段戀愛而影響了工作。

事後回想，當時 MisTakE 的內心應該是受傷的，畢竟那只是個無傷大雅的小戀愛，他是個非常認真看待工作的人，對每件事都負責、用心，卻被認為是因為愛情而荒廢了本業，對他來說，這是不能被接受的，同樣也是錯誤的。

回想起來，不論是他、或我、甚至其他隊友，我們都只是希望把事情做好，打出精采的比賽，爭奪指尖上至高的榮耀，但當時也因為這件事情，我才會對他產生了不信任，我們之間也漸漸有了嫌隙。

而談到我的另一位隊友 Stanley，「這人未免也太大隻了吧？」是我初次見面對他的想法，與他相熟後才知道他是個有趣的人，他的腦袋裡總是裝著各式各樣天馬行空的想像，以及各種不切實際的非主流玩法——

「欸，我發現了一個超屌的玩法！」

晚餐桌上沒有人應聲，大家只是默默吃著出自泡芙手筆、鹹得幾乎可以讓人脫水的焖燒雞腿。

「我是說真的，」見大家興趣缺缺，Stanley 仍開心地揮舞著他的筷子：「我之前打美服發現的，我在台服試過了，狂虐欸！」

「那是因為台服都是菜。」我說。

然後所有人都笑了起來，笑得最開心的莫過於 Bebe，他是個天真無邪的大男生，總是掛著笑容的他很少抱怨，對什麼事情都很樂觀。

「其實我覺得我們滿強的欸！」

「這場可以贏吧？」

「我覺得真的可以！」

對於 Bebe 這樣積極得像是洗腦似的訊息，我一般是拒絕的，但 Bebe 似乎就是透過

這樣正向的想法，他便可以輕鬆過濾掉許多不必要的煩惱，他也不會讓負面的想法待在他腦袋裡太久。

所以除了 Stanley，我也喜歡和 Bebe 聊天，他是個單純而且快樂的人，與其他人不同，我能很快抓到他的思考節奏，了解他在想什麼，聊天時我會選擇盡量附和他，因為我沒道理也沒必要把我複雜的想法灌輸給他，Bebe 這樣開心的笑著很好。

在遊戲中也是，當團隊在後期必須圍繞著 AD 打團，這時 Bebe 不需要任何一句話，我就能明白他的想法，護送他踏上高地，高歌猛進直到奪下勝利，Bebe 對我有著絕對的信任，我也是。

至於 Lilballz 他是個相當隨興的人，或許是因為家庭背景使他成為了一個充滿餘裕的人，對很多事情都湊合著過，對很多事情也相當寬心，就算是在戰術討論會議上被當面指責，他都能接受而且聽進去（不過有沒有做到那就是另外一回事了）他勇於面對自己的不足與缺憾，在遊戲上面雖然也有著自己的見解，卻也很能夠聽別人的意見，他與 Stanley 不同，在被責難的當下也不會反彈。

不過其實很多事情並不是那麼美好，這麼說可能有點破壞粉絲夢想，但是比起盟友，我們更像是公事公辦的同事，每天為了同一個目標打拚搏鬥，除了我們五個以外，還有兩位替補選手：NeXAbc 與 Colalin。

我對 NeXAbc 印象就是自信心不足的人，很難聯想到他可能是一位意氣風發的電競選手，畢竟對我來說，在那個年代，電競選手是個可遇不可求的職業，我將這份工作視為是一種使命，在追逐夢想的同時一方面完成其他人的希望，更重要的是能夠全面性地改善我的生活——這份新台幣四萬塊的穩定薪水比我先前的工作好太多了。

而當初我能夠進到 TPA，也是曾經在賽場上擊潰過 NeXAbc，在召喚峽谷中，我完全地、全面性地壓制他，我想這也是我當初能夠直接頂替他加入隊伍的緣故，不過他對遊戲仍是有些獨到的見解，當我對某些角色不熟悉的時候，他都能與我過招，讓我更能夠在戰場上自由應對。

每天早上，他也會跟著我們一起團練，但很明顯地，NeXAbc 對於遊戲上心的程度已經不如以往，他只是日復一日地進行著該有的訓練，如果說電競選手這份工作滿分一百分的話，我感覺他頂多做到八十分的程度，也沒有打算做更多，至少我覺得他沒有，而就電競選手這個神聖的職業來說，這是不及格的。

偶爾，我會與NeXAbc簡單地切磋兩把，但結果都一如當年我打敗他的狀況，或許對他來說，「替補」就是永遠不會上場了，他也沒有那個必要去努力爭取登板的機會，但換作是我，我會努力把那個先發弄下來，每天勤練去保持那樣的手感，但對NeXAbc似乎不是如此，他彷彿就只是盯著螢幕，進行著枯燥的訓練，漸漸失去了靈魂。

就在大家打得酣暢之際，時間也到了11點多，這時候最後一位候補成員Colalin才結束盥洗走進訓練室來，姍姍來遲的她拉開椅子開始單排積分，比起NeXAbc，她就更不同了，她是TPA的元老隊員，比我來得資深得多，但現在基本上是脫離這個團隊的，但對我們的隊伍來說，她毫無影響，因為她的實力不允許她登板上場。

每天看著這兩位替補選手，我都會很懷疑他們當初作為電競選手的出發點是什麼，但說到底我其實也不是那麼在意，也沒那個心思去多管，畢竟那是他們的選擇，他們沒有野心、沒有夢想與我無關，但如果論起酬勞的話，那可就與我相干了。

起先，我們打的都是小比賽（對我來說，幾萬塊台幣的都是小比賽），因為契約寫得不夠明確，讓我十分焦心，我們也曾討論過這個問題，那時候我們得出一個結論。

「小比賽我們七個人分，大比賽我們再討論。」泡芙這麼說了。

那時候的我們還不知道自己會打出什麼樣的成績，在那個狀況下，我們自然是點頭稱是，畢竟誰也沒想那麼多，我們也從來沒想過我們會打到所謂的「大比賽」，到了後來，我們取得了世界賽的門票，那時候《英雄聯盟》的賽制還相當簡陋，所以我還上網查了一下對戰情形，此時，八強的獎金映入眼簾——

七萬五千元美金。

對一個從小在香港村屋長大的窮小子來說，那是一筆相當可觀的錢，而且這甚至是保底獎金，這真的不得了了！訓練室中大家各忙各的，我抬頭急急找了Stanley，拉著他、壓低聲音說：「欸，八強獎金有七萬五美金，你怎麼看？」

「那時候泡芙不是說小比賽平分，大比賽再看看？」

泡芙是典型的台灣職場女性，我知道她不是一個願意上報討論此事的人，要她去爭這種事情未免困難，但我們也不能直接去找 CEO 討論這事吧？但不論如何，這件事情都是要有人起頭的，我認為首要之事就是徵求隊友的同意。

「那你要平分嗎？」我嚥了口唾沫，畢竟實在不想分薄那份獎金。

「不要。」Stanley 斬釘截鐵地說。

Stanley 的個性我了解，與他談果然沒錯，至於 Bebe 狀況也類似。

「所以要怎麼辦？」我試探性地問。

「我不知道，」Bebe 迴避了視線，他並不是喜歡惹這種事情的人：「我也沒什麼立場說這個。」

「那你要平分嗎？」

他想了一下，慢慢地說：「要不，講講也好。」

最後便是Lilballz，我那時候與他不甚相熟，但我知道他家庭背景算是優渥，好像有許多間旅館開在南台灣，所以對於這種獎金或者酬勞之事可能不像我們一樣在乎，但我知道他是個相當明事理的人，只要有道理的事情，他都願意傾聽而且願意討論，而就這件事情，他說：

「我覺得我們應該要好好談一談。」

好了，現在大家都覺得有問題，誰該去談？當然沒有個定案，Stanley、Bebe、Lilballz都不想惹麻煩，MiSTakE就更不用說了，最終誰該去跟公司談，那個人選自然是我，大獎金來了，如果不想獎金被分薄了，總是要有個人出頭揹鍋的嘛。

「泡芙，你記得我們剛來的時候有講過小比賽小獎金平分，大比賽大獎金要另外討論的事情嗎？」我小心翼翼地問。

「討論什麼？」她有些訝然：「本來就是決定好的事情為什麼要討論？」

「不是啊，」我繼續說：「那兩位替補根本沒有上場，也沒有專心在比賽，憑什麼他們可以平分？」

聞言，她輕蔑地笑了，表情不屑地說：「別以為你有什麼特別的，替補來打八強結果也會一樣啊，分什麼分？」

那句「替補來打結果一樣」狠狠紮進心頭，像是五雷轟頂般，當時泡芙噬之以鼻地看著我，看著一個似乎隨時都能被隨便取代掉的人，那時候的我才二十歲，雖然對夢想很執著，但面對否定自身努力的人卻很無助，那時候的我，為了邁向巔峰而拚盡全力，而她否定了我的存在意義，如果真是如此，那麼後續的比賽也不一定需要我，不是嗎？那如果是這樣，未來我是不是也不應該把光陰浪費於電競之上？

但落寞的時間沒有持續太久，我很快地把這件事情拋諸腦後，我告訴自己不能把這事放在心上，因為參加比賽的重點除了榮耀以外，就是獎金，那是我努力結果的實體，如果這個問題沒有被重視，而跟泡芙談也不會有結果，那我必須更上一層樓了——我們必須找 CEO 談一談。

Taipei Assasins

那天深夜，我找了 Stanley、Bebe、Lilballz 到訓練室，簡單交代了事情經過後，我坐在電腦前面，他們仨站在我後面，由我主筆，我們決定要寫一封長長的信給當時的 CEO Retty，爭取我們應該要有的獎金。

「該怎麼寫？這樣寫好嗎？」。

「我真的很想要錢。」。

「但事情也別鬧得太大。」。

這些想法一一浮現在大家的腦海中，刻意壓低的討論聲更襯得夜晚的一片闃靜，當時其他人站在後面看著，我在電腦前面敲著鍵盤，再三向他們保證，主謀是我、別擔心，更何況這份獎金是我們理所應當該得到的回饋。

最後信件內容主要提到：我們已經向領隊提過分配問題了，但她似乎無權處理、也不想過問，目前我們已經打進世界賽八強了，所以我們有自己的理想獎金分配方式，我們希望八強以前可以平分獎金，八強之後，那靠我們打上去的獎金就只由我們五名選手來分。

這個內容其實我想了很久，這封信的內容對我來說很合理也很公道，我只是一個喜歡遊戲的少年，也對自己的實力有所認識，隊上那兩位替補選手參與感很低，也不是主要的參賽人員，平時的存在感也很薄弱，也因為他們的遊戲水準過差而從來沒上場過，這不論是從哪個方面來想、在哪個社會背景下都不應該成立的，將信件內容確認再三之後，我們寄送出去，期盼可以得到回音，但直到八強賽結束，我們以2：0擊敗南韓戰隊NaJin Sword，我們都沒有收到回信。

我們四個人又再度聚在一起，完全沒想到我們可以走到這一步，下一場的對手是Moscow Five，那可不是一般的隊伍，當年他們在英特爾極限高手盃大賽（IEM）以全勝之姿擊敗世界強隊，對於遊戲有著天才般的理解，又能夠近乎完美地執行戰術，各線路的選手更是令人聞風喪膽，這很有可能是我們的最後一戰了，打進四強之後的獎金也成為了即將要面對的問題。

「該怎麼辦？」

「我們再寄一次吧。」

那封信寄出後仍是杳無音訊，那封我們糾結許久的電子郵件彷彿石沉大海似的沒了消息，發那封信不是想要證明什麼，我只是希望可以得到一點回應，如果心裡能有個底，那我也可以更義無反顧地邁向戰場。

但不論我的心裡準備得怎麼樣，戰爭都還是得面對。我們四強就遇上了當屆的奪冠大熱門：Moscow Five，他們在 IEM 擊敗韓國雙雄 CJ Frost 與 CJ Blaze，這可以說西方電競戰隊於《英雄聯盟》史上最輝煌燦爛的一頁。

不過面對這樣的強敵，我沒有很緊張，畢竟當時的我不覺得 Alex Ich 有什麼厲害的，如果將電競賽事比做考試，我會進行全面性的準備，對方會出什麼招，我應該要怎麼應對？而不是到了現場才見招拆招，那樣太被動了，或許有人會覺得我內心戲很多，但對我來說情境模擬是重要的，我必須知道如果我做了什麼、對方會怎麼反應，在完善準備下才會前進戰場，至於 Bebe 他仍是相當樂觀，他很像是班上那種特別會考試的同學，他知道答案的一半，即使不確定結果是什麼，他就會試著去寫寫看，興許就直接過了，至於其他隊友在想什麼、有沒有那麼樂觀，我可就沒那麼確定了。

榮耀之巔

面對這樣的強敵，我們那時候從來沒討論過「我們會不會贏」、「我們有沒有信心奪冠」？這樣的質問，我們都埋在心底，沒有對彼此袒露過，不過我從來沒問過自己這個問題，也不想去反問自己這種問題，因為我沒有那麼樂觀，說到底，那時候的我心知肚明，我們真的蠻菜的、並沒有大家想像中的那麼強，但在機緣巧合下，TPA 走到了這一步，對我來說，如果可以，我想繼續往下走，在四強打贏的瞬間，我開始相信，我能夠繼續往巔峰邁進，拿到世界冠軍。

那時候的 Moscow Five 擅長進攻，而且對於戰術的執行相當澈底，但是他們的底細不多，所以能做的研究也有限，他們對全世界的隊伍來說都是個未知數，尤其是 Alex Ich 如果拿到「伊芙琳」這個角色，那可是如虎添翼，在第一局我們以換線這樣的套路試圖突破他們的陣線，我們前期的確有打出點什麼，表示這樣的想法是成立的，但是後繼無力，後來 Alex Ich 成為了無法抵擋的存在，最終還是失敗告終，我們意識到如果讓他們拿到「伊芙琳」就是無解，所以我們決定回歸正常戰術。

伸頭是一刀、縮頭也是一刀，不如跟他們拚了，硬碰硬，誰會贏還不知道呢。

第二局，我們發現對方的心態開始膨脹，選了許多垃圾角色，Alex Ich 對遊戲角有一

定的堅持，這也直接造成了他們的覆亡。在那場我拿到了當時我認為最強的角色：奧莉安娜，輕輕鬆鬆地就打出破口，但其實打完之後隊友只覺得是運氣好，但我不這麼認為，對準備充分的我來說，這是必然的結果，沒有什麼是運氣好的，沒有什麼是湊巧獲勝的，贏一定要有理由，而我的理由是我選到奧莉安娜了。

到了第三場，我的王牌奧莉安娜被禁用了，這是必然的結果，但我們同樣也拔掉對方的手腳，面對這樣的狀況，我們拿出了壓箱寶——

「讓我選奈德麗吧。」Stanley 如是說。

的確我們也沒有別的把戲了，我也沒有什麼特別的想法，畢竟與其讓人在邊線上被壓制，不如選隻可以讓他輕鬆發揮的角色，不過這個角色能打出奇效也是我始料未及的，在那場原本總是處於被壓制狀態的 Stanley 居然能夠制服 Moscow Five 的手腳，甚至成功帶起風向。

同時我也打出優勢，這個時候 Alex Ich 似乎心態有些崩潰，他開始有了一些低級失誤，漸漸地將原本的優勢賠上，原本我僅是打好自己的操作而已，後來我開始期待他的失誤，身為同樣優秀的電競選手，我了解他的狀態，因為覺得自己不會輸、不應該輸的，他開始慌張了，他開始做一些嘗試——他的嘗試不一定是壞的，但全都以失敗告終。

最後我們2：1拿下他們，老實說至今回想起來我還有點不敢置信，但我們贏了，而且還是靠著Stanley的Carry，那也是我人生第一次誇獎他。

「你什麼時候這麼Carry了？」我笑著拍拍他：「你怎麼會這麼強啊？」

Stanley明顯一愣，然後笑開，高興地向我道謝——時至今日，他還常常提起這段往事，Stanley總笑著說那是我人生唯一一次稱讚他，之後再也沒聽我說過這樣的話了。

比賽結束後因為沒有場地訓練，所以我們開開心心地吃了一頓飯，MiSTakE 並沒有與我們一起吃飯，席間我們聊了許多，有關於未來、有關於比賽、有關於遊戲、有關於彼此，幾個喜歡遊戲的大男生飯席間會聊的不過就是這些了，我們也難得任由 Stanley 吹噓他那天馬行空的套路，然後我們想起了獎金問題。

四強結束後象徵著我們進軍總決賽，獎金水漲船高，就算只是亞軍，獎金亮晃晃也是二十五萬美金，分獎金的問題再度浮上檯面，我們四個仍然在意著這件事情。

「我們就再寄一次吧。」忘了是誰這麼提議的。

之所以沒有與 MiSTakE 談及此事的主要原因除了先前的隊內戀愛事件以外，他是個穩重而且希望長期發展的人，所以不會願意因此而與資方起衝突，也對此事心照不宣，我們再度寄信出去，依舊杳無音訊，但我們也只能上戰場去了。

我們已扳倒最強的對手，最後一場戰役對手是韓國戰隊 Azubu Frost，他們在八強賽期間跟北美勁旅 TSM 交手，隊上的 AD 選手 Woong 趁著重開遊戲 00：15 秒時轉頭看了當時直播螢幕，進而得知對手角色位置的情報，對此西方玩家都相當不齒，所以在總決

賽的時候，他們都選擇為我們加油，TPA、TPA、TPA的吶喊聲震天價響。

考試時，當你已經考過最難的那一科之後，對於接下來的科目就不會有太大的心理壓力，加上對Azubu Frost有一定的了解，尤其是對RapidStar這位選手，我知道他的角色池並不深，擅長的事情也有限，所以與他交手之後，我就敢確定，我是可以打出破口的——而在那個年代，只要中路能夠打出點什麼，獲勝的機率就提高很多。

雖是如此，第一局我們輸了，隊伍士氣似乎有些低迷，但經過這次交手後，我發現對手其實挺菜的，至少

我覺得這樣的實力水平不應該出現在總決賽上，之所以這麼說不是我自信過剩或者是心態膨脹，而是我曾經在第一局成功單殺對手，「單殺」這樣的事情不應該出現在兩名平分秋色的選手中間，更不應該在《英雄聯盟》總決賽這麼高強度的比賽中出現，不過我想可能是因為他緊張了，所以才會破綻百出，時時失誤，也讓我發現他似乎有點不在狀態上。

不過我也沒有把這件事情跟隊員說，只是默默地在心底盤算著要怎麼樣才可以打出破口拿下勝利，**MiSTakE** 檢討問題並規劃新的戰術，他認為問題出在選角。

「老實說我不覺得我們實力不如對方，」MisTakE說：「只是他們選的陣容比較適合後期打團而已。」

最後，他提議禁選對方中路卡爾瑟斯，但對我來說對方不論選什麼都不成問題，更何況對我來說卡爾瑟斯不過就只是一隻不用什麼大腦就能操縱的角色，所以雖然大方向的戰術策略都是由MisTakE來主導的，在選角禁用這方面我給予了許多意見，這是我擅長的。

因為準備充分的關係，我清楚地知道自己應該要選什麼，選了這個會遇到什麼，我知道對方擅長什麼，我知道在中路這條線上我該怎麼打，該如何為隊員創造破口，為了這天我已經做好了十二萬分的準備，但當時的 MisTakE 不願意冒險，對此我們有了些衝突，最後的妥協方案，換我選了卡爾瑟斯，那場節奏完全在我們手上，我清楚我可以打出什麼，而我的確打了出來，也成功拿下一局。

第三場討論戰術階段，我主張首搶奧莉安娜。

「只要我拿到這個角色就沒問題了。」我甚至沒辦法想像我拿到這個角色輸掉的可能性，而且我也希望團隊都能知道，奧莉安娜在我心目中的角色順位是最高的，在集訓期間，他們也養成了奧莉安娜是中路最強角色的印象，但當時，我們為了要保住其他路線發展，這個選擇被往後推了，那要不要禁用呢？

「要是對方選出來了要怎麼辦？」Lilballz 蹙眉。

「他們如果選出來我也能扛住。」

「我們只能這樣試試看了，」MisTakE 說：「要不然我們之後也會很難打。」

我明白他們的擔憂，但在這個遊戲中，我很清楚知道自己能打出什麼，也能向團隊表達我能做到什麼，會不會有優勢？會需要什麼幫助？我都會如實表達，MiSTakE 會依照我提出的東西進行微調，我丟出來的東西，他也不一定會採用，畢竟他有他較為全面性的看法，不過都會有討論的空間，在比賽中大部分的主意都是我們倆出的，其他隊友其實也會有自己的意見，但是他們不會去說，或許是他們不願意去承擔風險，不過對我的能力，他們是絕對的信任。

比賽開始，我們之間的心理博弈正式展開，我們在世界賽關鍵戰上賭博，這是個大膽的想法，但我不做沒有把握的事情，我清楚對方的狀況，第一局我就測試了奧莉安娜在對方選角的順位，而且在這個狀況下，我賭成功了，我成功把對方的心態打到崩盤，隊伍各路線也順風順水，會戰屢戰屢勝，對手可以說是被我們打得生活無法自理的，最後他們為了止血，選擇了投降。

不過在那一刻，我確實感受到我與世界冠軍僅有一步之遙，經過兩次交手，我確定對方的心態已經崩了，對一個走到世界總決賽的選手來說，連續戰敗對一路過關斬將的他們來說無疑是恐怖的心理衝擊，但畢竟對方是專業的電競選手，他們重振旗鼓試圖捲土重來，但是開場就被我們拿下首殺，下路因為選角而持平，而我的對手 RapidStar 不知怎麼地選了個拉克絲跟我打，我甚至不知道這角色要怎麼跟奧莉安娜對陣較勁，他們打野更選了個不靈活的希瓦娜，這樣奇葩的選角讓他們自亂陣腳。

「欸，冠軍誒。」打到一半，我有這樣的好預感。

「先專心打吧。」MisTakE 冷靜地說著。

因為當時我們上路被對方完全壓制，「你扛住，乖乖抱著塔吸經驗就好。」我們這麼對 Stanley 說，而他也謹記著這個吩咐，除非隊友來支援，要不然都是窩在塔下，努力讓自己不要死。

等到進到團戰階段，基本上對方是拿我們沒辦法的，我打得相當有信心，這時候我發現一直以來相當冷靜的 MisTakE 失誤連連，我們都知道他緊張了，比賽越到後期他的失誤越多，除了買了兩雙鞋子，甚至有被單抓掉，也讓我們情勢一度緊繃，拖慢了節奏，但最後我們一路殺到門牙塔前，最後一波團戰結束我們拿下了冠軍。

Lilballz 是第一個跳起來的人，然後我抱了旁邊的與我笑得同樣燦爛的 Bebe，這時

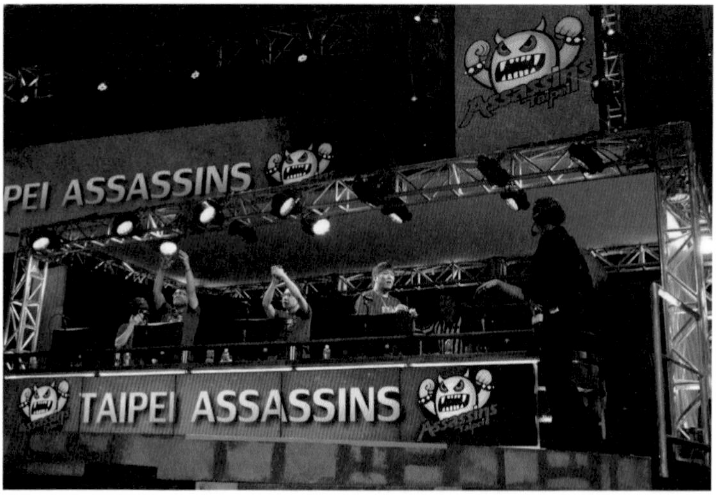

我聽到了舞台煙花噴發的聲音，Stanley甚至把我整個人抱起來晃，我們在窄窄的比賽舞台上跳躍、擁抱著彼此、分享著奪冠的喜悅，我聽到整個台下震天價響地喊著TPA，他們喊得大聲、我們也喊得聲嘶力竭，當下能怎麼嗨就怎麼嗨，其實我沒有想那麼多，嗨到我們都忘了賽後握手的環節，甚至是對方跑過來跟我們握手的。

結束一切瑣事之後，我們被引領到舞台升降處，我從來不相信自己可以做到，但我真的做到了，我一路從打電動的小男生，走到了榮耀的巔峰，走到了世界頂端——

「幹，Toyz在哭！」Stanley大笑。

那時候燈光很暗，但我發現他自己明明也哭了，MiSTakE的眼角也泛著淚光，隨著升降階慢慢往上，我看到了那個銀閃閃的冠軍獎盃，上頭綴著藍寶石，我們看著那個獎盃依舊不敢相信自己走到了這步，我們也許不是最強的，但我們成功奪下了冠軍，我們互相推搡著，最後是Stanley往前邁進了，我跟著他的步伐，然後Lilballz、Bebe、MiSTakE跟在後面，頒獎人上台致詞，那時候我想到的不是別的，就是那筆冠軍獎金，這筆獎金從二十五萬美金漲高至一百萬，那真的不是一筆小數目，我一邊聽著他們的理想，一邊盤算著如何處理獎金的問題，他們說完後，我們五個人同時舉起了獎盃，碰到獎盃的那一刻，我將千思萬緒拋諸腦後，說來也有趣，身高最矮的我在舉起獎盃的時候沒有出到什麼力，但我能清楚地感受到獎盃冰涼的溫度從指尖傳來，那樣的觸感提醒著我，我終於達到了榮耀的巔峰，我現在是站在世界頂尖的選手 Toyz。

Zenox
Zenox
Zenox

榮耀過後

獎金分配這件事情對我來說就像是夢魘一樣，不斷縈繞在我的心底且揮之不去，我得說，那時候的我是個初出茅廬的小子，不畏懼挑戰也不害怕威權，我想要什麼、我應得什麼，我都會盡全力拿到手，因為那本來就應該是我的，錢這種東西尤其如是，我的出身並不富裕，在家裡我基本上是被放棄的孩子，我需要用各種成績來證明自己的存在，這筆錢對我來說有多麼重要，當時我覺得肯定沒有人可以理解。

我又再次寄發了那封電子郵件，基本上我已經不抱著收到回信的期望了。

那幾天我與隊員們一同享受著奪冠後的餘韻，並趁機觀光，中間還有接受幾次訪問，但我再也沒與他們提起讓我如坐針氈的獎金分配問題，我知道那樣做是煞風景的，我們只是專心於世界冠軍的喜悅之中而已。

一切都得等到飛回台灣，我們到了總部 Garena 開會，我記得那時辦公室是在台北的信義區那邊，我們全隊聚集在小辦公室討論獎金分配問題，先發的五人，還有兩個替補成員 NeXAbc 與 Colalin，領隊 Erica、經理泡芙以及當時的 CEO Retty。

「恭喜、恭喜，恭喜各位奪冠啊。」Retty 笑嘻嘻地說著。

簡單的祝賀與噓寒問暖後，我們很快地切入正題，我發現大家都相當安靜，看天花板的看天花板、看地上的看地上，彷彿天花板或地板上有著一百萬美金似的，見此，我劈頭便問了。

「所以你有收到那封信嗎？」

「什麼信？」Retty 偏頭。

「我——」我想了想後說：「我有寄一封對於獎金分配的建議到你的電子信箱裡。」

聽了那個郵件地址，Retty 笑了笑說：「噢，那個信箱我很久沒用了，所以你說了什麼？」

「我覺得獎金的分配這樣來說不太合理。」

我詳實地解釋了我與隊友討論出來的結果和建議舉措，Retty只是聽，最後他慢慢地說：「但我們還是主張要平分冠軍獎金，每個隊員都應該得到一份。」

「但我覺得不合理。」

「好吧，那一個禮拜後，我們再開會，到時候我會給你們一個滿意的答覆。」

會就這麼散了，雖然我還年輕，但我還是能體諒他的做法，畢竟很多事情本來就不是一朝一夕可以處理完畢的，當時的我沒有想到這麼做會傷害到別人的情感種種，對我來說這只是一個應該爭取的權益，而在這個禮拜期間，Retty也有來找過我單獨談談。

當時的我把訓練的狀況、我遇到的處境以及當時世界賽前、泡芙對我說的那番對話，我一五一十地向Retty說明，而他也拍著我的肩膀不斷地說著「我明白」、「我能理解」，所以在當時我覺得事情是真的有轉機的，Retty 似乎也是個明事理的人，對於這樣不公平之事，他自然會有裁示，當時的我是相信他會給予我一個滿意的答覆。

不料一個禮拜後的會議上，他開口便說：「最終我們公司討論的結果是：七人平分。」

聽到這樣的答覆我先是一愣旋即轉為憤怒，一來這不是令人滿意的答覆，二來這樣的話之前的溝通算什麼，再者你怎麼會覺得這樣的結果會讓我們所有人滿意？如果這是最終結果的話，那這樣的結果未免太不合理。

當下我無法顧慮太多，也無法控制自己的理智，一直拉著我的那條繩子斷了，我也不介意其他人是否在意，我握緊拳頭，開口問：「請問這件事情還有討論空間嗎？還是沒得商量、是最終決定了？」

「這是最終決定了。」Retty 斬釘截鐵地說。

「這他媽的根本不是個滿意的答覆！」

我起身奪門而出，用力把門碰地一聲甩上，會議戛然而止，頭也不回地離開那個會議室，他原本承諾這件事情會圓滿解決，他會給我一個滿意的答覆，再者已經沒有討論的餘地了，我已經沒有繼續控制情緒的必要了。

我離開時可以透過會議室的落地玻璃瞥見他們臉上的尷尬，以及那兩位候補的神情，但我不在意，對我來說這些都不重要了，我也不在意其他坐在辦公室的 Garena 用什麼樣的眼神看我，我不在意他們在交頭接耳些什麼，我根本也不在意我在他們心中的看法是什麼，我就這樣從走廊揚長而去，去化妝室小解之後，我坐在他們休憩區發呆，忿恨占滿了我全部的思緒，這時 Stanley 走了過來。

「哇，你好屌，」他苦笑著說：「你怎麼敢這樣？」

對他們來說，在臺灣他們似乎沒辦法想像有員工敢對老闆做這樣的反應，遑論那時候我們年紀尚輕，但對我來說，這件事情就只是在爭取我應得的權益而已，未來能不能繼續在這個企業旗下工作或打拚都不是我考量的點——或許這個是 MisTakE 考量的點，但那不是我的。

「你剛剛走了之後，我們有再討論一下，」Stanley 小心翼翼地說：「他們說可能會再想想看，看看能不能有其他辦法來解決這件事情。」

當時的我仍然沒辦法冷靜下來，見此 Stanley 也先去廁所，逃離了那樣的現場。後來我忘了是 Retty 還是泡芙有過來找我說話，他們說這件事情是還可以再討論的，也還有轉圜餘地，或許我們可以找出什麼解決的辦法。

我猜想可能是類似那樣的談話內容，但是在當下我真的沒辦法冷靜下來，所以對於談話內容我沒什麼印象，不過我明白他們是試圖想平復我的情緒，但因為只有口頭上的承諾而沒有結果，所以對我來說那只是在敷衍而已。

他們所說的大部分的內容我都忘記了，我只記得他們似乎說了這麼一句話：「我們還是得給候補的家長一個交代嘛。」那你有辦法跟我交代嗎？那你怎麼不怕沒辦法跟我的家長交代呢？對於他們的說詞，我還是相當不理解、甚至是憤怒的，但那時候我也隨便應了兩句：「好吧，那就看看再怎麼解決吧。」先給了彼此一個台階下。

經過幾番折騰之後，最後我們得出了一個差強人意的結果：冠軍獎金分成六份，先發五人每個人拿一份，最後一份兩個候補平分，雖然我的心底還是很不平衡，畢竟那兩個候補還是拿到了一筆他們不該拿到的錢，不論是根據他們的努力、付出、參與程度，不論根據哪個面向，他們都不應該拿到這筆錢，我心底還是很不平衡。

當時我與 Stanley 甚至覺得這份錢乾脆平分給後勤經理泡芙和領隊 Erica 都比較合理——甚至分作七份給她們都可以，畢竟她們真的很認真的在為我們打理上下，對我來說，只要不是無所事事的那兩個候補就好了，這樣我的心底都會舒服一點，畢竟這件事情的出發點並不是我錢少拿了，而是他們倆錢多拿了，但設身處地想了一下，至少他們改變了原有的決定，所以我就覺得算了，這件事情就這麼潦潦草草地翻篇了。

現在想想，我當時做事情真的是太直接了，我一直都把事情想得很簡單，我認為不論什麼事情，只要道理站在哪一邊，就該往哪個方向走，以前的我總會覺得這是我應該要有的，那你就一定得要給我，也因此忽略的對方的感受，經歷了這麼多年來的事情之後，如果現在的我回去到那個時間點，或許會用更圓滑的方式處理，而不去反抗或表現得那麼地執著，但一切都已經來不及了，人生就像是停不下來的實況，你沒辦法修改你已經做過的事情。

然後接下來就是你們知道的了，網路風向一面倒，甩門椅子、貪婪中路、壞脾氣港仔種種，當時在網路上有許多人憑藉著一知半解的訊息，或者是有公司員工看見了這樣的情景，加上一些自以為合理的揣測後，就把他們所知道的加油添醋放上網路上討論，成為了大家茶餘飯後的笑料，甚至對此義憤填膺什麼的，而他們有些人現在還成為了獨當一面的賽評主播，但我也不覺得有什麼委屈的，畢竟就算當時我出來去澄清什麼，那也會成為一面之詞，也無法改變什麼輿論走向，所以我選擇了安靜，也再沒去爭取什麼。

就在事情似乎告一段落後，我分到了十萬五千美金，算來算去扣稅之後分成七份似乎也不應該是這個數目，但我也懶得再去計較些什麼，Retty那時候說海外稅是40％，當時我覺得這個稅未免過重，但我也沒去細究，不過那時候Stanley跟我說了一件耐人尋味的事情。

Stanley的哥哥在美國的銀行工作，他們倆感情挺好的，也時常聊天，這件事情自然也成為了他們兄弟之間的話題，然後有一天他跑來跟我說。

「欸，Toyz，」他神秘兮兮地說：「我哥說海外稅不可能那麼重誒，不可能課到40%啊，沒道理說什麼國外扣20、國內再扣20吧，根本不合理啊。」

他的這個情報正巧印證了我的揣想——會不會當初獎金根本不是分成六份、而是「為了給候補一個交代」直接分成了七份？當時心底的惡魔在我耳邊碎語，不過我也不是什麼稅務專家，沒立場去跟他們吵這個事情，吵了也站不住腳，而且最應該去提這件事情的應該是Stanley，但他不敢，所以當時聽聽就算了，也沒再去計較些什麼，對我來說這起事件就該這樣落幕了，我實在也懶得再去跟他們說些什麼。

光環褪盡

經過這些風波之後，我們必須步入正軌，奪冠後我們和中華民國電子競技推廣協會一同拜會立法院，爭取電子競技列為正式的運動競技項目，而後也成功推動了台灣電競產業發展，但當你活得夠久就會知道，雨過並不一定天晴，下一波雨反而有可能更加滂沱，接下來的事情是我的版本，我也不知道其他人的版本是怎麼樣子的，但從我的角度看，當初發生的事情是這樣的。

在奪冠之後，首先面臨的問題就是 MisTakE 與隊伍之間依然存在著嫌隙，分獎金這件事情僅是冰山一角，但也讓我明白了他的處事態度，他是隊伍上唯一堅持要將獎金平分成七份的人，我不確定其他人的狀況如何，包括這一年來存在著大大小小的問題，對我來說也許我的離開才是最好的解決方法。

打完世界賽之後，我們下一場大戰就是 IPL 5（IGN Pro League 5），我們在這兩個月的練習時間並不充足，奪冠之後我們參加了許多贊助商會議、接受新聞媒體採訪、政府要員探視等等，更別說還有分獎金甩門事件，訓練量少得可憐，遊戲內容的更新讓我們的狀況更是雪上加霜。

輔助打野連動成為了新的遊戲主流，需要戰術的部分更多了，加上當時 IPL 5 可以說是勁敵環伺，當時我們打贏了來自泰國的 BlackBean，還有老對手 Moscow 5，最後輸給了 Fnatic 落入敗部，對面輔野連動速度太快，我在中路基本上是沒有辦法發育的狀況下，我幾乎沒辦法玩遊戲，最終拿到季軍。

其實在缺乏練習與專注狀況下，在這麼高強度的世界級賽事中拿到季軍，對於這樣的成績我是滿意的，畢竟我們準備不夠充足，我能夠接受，但網友可就不這麼認為了。

「你們才剛拿到世界冠軍怎麼會輸？」

「爛，游回台灣吧。」

「可憐被秒殺。」

「TPA 時代過去了啦。」

「TPA 也太小覷天下英雄了吧。」

這些網路上的評論其實我們都會看，大家也都知道大概風向如何，我是知道，但是我不在意，因為我清楚知道自己在做什麼，我自己了解就好了。但最容易被這樣的流言蜚語影響的莫過於 Bebe，他很在意其他人的評價，其他幾個可能相對看得就比較少一點，不過或多或少應該也有受到影響。

由於缺乏訓練，狀況也不太好，導致那幾場比賽 MiSTakE 的死亡率也高得驚人，他在游走的時候被抓掉什麼的，顯然就是我們整個隊伍的遊戲理解不比其他強隊，而且遊戲走向也不如以前只要中路會贏，就能夠成功帶領節奏，輔野合作支援也無法與其他世界強隊抗衡，視野掌控不足也讓對方能夠趁虛而入，就是這些原因導致了接下來發生的事情。

其實就隊伍實力來說，我覺得我們都還算能打，只是因為某些原因，隊員有些走心了。MiSTakE 身為隊上負責指揮與溝通工作的人，當時卻屢屢與隊伍成員起衝突，溝通日益激烈的狀況使得隊伍很難營運，也讓公司有了創辦二隊的想法，Taipei Snipers（TPS）因而誕生。

我單獨找管理團隊談及此事，也表明了我想要接下二隊的想法，一來我有能力、也有自信可以帶好二隊，二來是當時我跟 MiSTakE 也處不太來。但其實幾位隊員也跟 MiSTakE 都有所摩擦。

當時被他檢討得最慘的人莫過於 Lilballz，他在遊戲上面其實相當能夠聽別人的建議，人也比較隨興一點，但面對 MiSTakE 時他常常會去反抗，也讓溝通益發火爆，在這樣與

隊友溝通不利的狀況下，所以乾脆讓 MiSTakE 去了二隊，TPS 包含那兩個候補 Colalin、NeXAbc，還有應募入隊的新秀 GoDJJ、Zonda 和 OhReal——就是你們都認識的那個小安，至於 TPA 這邊則補了輔助 Dinter，TPA 跟 TPS 我們都再度重新出發了。

其實繼續待在這邊的這半年，我是有想過要離隊的，我和 MiSTakE 不一樣，他是想要穩定的繼續待下去的人，他想長久地待在遊戲產業裡，但我已經從分獎金這件事情窺見了這個隊伍的問題，他們的處理方法對先發選手相當不公平，而他們也不理解我對於這件事情執著的點何在，因此也對這間公司失去了信心。

但如果MisTakE去了二隊，我也離開TPA的話，剩下三個人會很難受，因為當時的他們都還不成氣候，也沒辦法主導隊伍，所以抱著報恩和放不下他們三個的心情，我決定繼續留在TPA。

經歷過S2奪冠之後，《英雄聯盟》在台灣的人氣可以說是相當火熱，如果我沒記錯的話，當時上線人數翻漲四倍，Garena肯定是賺得荷包飽飽的，但是我們卻沒得到相對應的對待，不僅沒有得到回報，也沒有加薪。

當時我們的薪資是公開透明的，全天下的人都知道，新台幣四萬元，贏得世界冠軍之後也沒有被加薪，當時我們都覺得多多少少應該要加薪吧，新進的選手薪水也跟我們一樣，這也造成了我們心理上的不平衡，雖然我不知道我們奪冠讓 Garena 多賺了多少，但是上線人數確確實實地擺在那兒，那是不會騙人的，我不敢說是因為我們奪冠，所以讓 Garena 多賺錢，但我們肯定是其中的一個原因。

所以在薪資這點上面很希望他們能夠正視這個問題，但 Retty 說這個是市場機制決定的薪資，電競職業選手就是這個價錢，你們沒有別的條件可以拿更多的錢，但也因為提出了這樣的看法，也讓他決定不調整底薪，而增加所謂的「績效獎金」。

所謂的績效獎金從零元到一萬都有可能，管理方說依照選手的表現進行評估，評估方式僅依照比賽的勝率還有天梯排名，而非出勤狀況、單場表現、積分訓練場數等等，也使得評估整體變得相當籠統。

我很少跟別人談到錢的問題，除了與我較為親近的 Stanley，他曾跟我分享他的績效獎金數目，每個月他只拿到不及格的四千元，而我每個月大概可以領到七千~八千元。

「幹，雞掰喔，怎麼只給我四千。」我甚至記得他忿忿不平的語氣。

但比起數目，我更在意的是奇怪的績效計算方式，不過我也沒特別去吵什麼，MisTakE 離開，而我順利成章的成為了隊長，我專注於帶領隊伍上，其實即使回頭看那段時光，我覺得其實我很盡責，但是隊員的狀況很差。

留下來的人對於遊戲與勝利的渴望並不如我，Stanley 與 Lilballz 狀況都差不多，輸輸贏贏對他們來說似乎不是那麼要緊，戰敗與勝利對他們來說都是雲淡風輕的存在，當時我甚至覺得他們的工作心態逐漸變得接近公務員。

Lilballz 的狀態明顯下滑，而遊戲版本的更動越來越快，他也慢慢地難以跟上遊戲更新的腳步，學習的速度也不如過往，無法調整到比賽的狀態；Stanley 那時候交了女朋友，也因此分心了，他再也不跟我分享什麼神奇的打法，也不再跟我說什麼天馬行空的戰術，少了創新的想法，對我來說他開始變得故步自封。

新加入的隊員實力也跟不上元老，但是當時我的選擇也不多，台灣的選手市場相當狹窄，也沒有什麼條件可以去挑選，當時的版本相當仰賴打野與輔助的帶領風向跟掌握全場視野，當我專心於打線的時候很難顧及這麼多，當時的主要指揮是我，但是我真的心有餘而力未逮，隊上的輔助跟打野也不能分擔，面對逆風的狀況更是慘上加慘——能解釋的很多，看到網路上的評論我也覺得委屈，但是輸了就是原罪，不論做什麼都會是錯的，成績不好的事實就血淋淋地擺在那裡，就算再不堪也必須正視。

面對這樣的窘境，其實我們每場都很認真去檢討戰況，也盡全力去進行分析，同時也借鏡對手的打法，了解他們伏擊的節奏跟戰術的布置，但是進度一直很慢，也抓不太到重點，一路走得跌跌撞撞。

當時的輔助 Dinter 其實是個相當積極的人，他總是嘗試著要改變，但是找不太到對的方法，他與 Lilballz 的連動也不是那麼理想，他們總是各做各的，也導致在比賽中打不出他所想要的效果，其實可以感受到 Dinter 很想把自己該做的事情做好，但是他其實也不明白要做到什麼地步才是真正「做好」，所以他不斷地請益與嘗試。

當時的我是主指揮，但因為遊戲的改變，我不能再擔任這樣的工作，我跟 Dinter 與 Lilballz 說遊戲前期需要什麼配合，他們倆要自己協調好，但還是做得不太好，也讓我們隊伍在賽場上不再具有宰制力，網路上的評論也益發沸騰。

我有著港仔身分、有著自視甚高的評價、有著分獎金甩門事件，如果套句現在的話來說，我或許就是那時候的「拆隊狂魔」吧，「TPA 心結」什麼的也成為了各大論壇的討論議題，面對這樣排山倒海的質疑，我並沒有站出來說些什麼，就如同先前的事情一樣，我知道這些事情講了不會有什麼效果。

我明白自己說了什麼輿論會有怎麼樣的風向變動，我的身分比較特殊一點，我是個「港仔」，有些台灣網友會因為排外的關係為挺而挺，不論我說的是對的還是錯的，感覺上他們都會選擇支持本土的選手，因此我也很懶得多解釋什麼，因為這對我的聲譽無濟於事，也對我本人一點幫助也沒有，所以就盡量做自己。

當時我曾經寫一封信給隊員，那時候我們一直輸，也感受不到隊員有想要積極改善問題的動力，我當時壓力很大，夜夜難以成眠甚至得仰賴藥物，我盤點了一下隊員的狀況，除了 Bebe 以外，其他人的問題都不小，Bebe 是其中表現最為穩定，也最為可靠的選手，Lilballz 的狀況是最為嚴重的。

我記得那時候大家都睡了，我又失眠了，我自己爬起來走到空無一人的訓練室，那時凌晨三點多、接近四點，已經是戰隊規定的睡眠時間了，但我真的睡不著，我打開了新文件開始寫一封長長的信，在那封信裡面我給了他們不同的評價，也希望能夠刺激他

們繼續努力。

首先是 Lilballz，我給他的評價是個沒有操作的機器人，他只會服從別人的指令，別人要他做什麼就做什麼，沒有自己的想法，而如果他繼續如此，那這個團隊不需要他的存在，我們隨時都能找個聽話的機器人來替代，希望他未來能夠有自己的想法，要不然對戰隊來說沒有存在的價值。

至於 Stanley 則是有想法也有操作的機器人，他有自己的想法、操作也還不錯，但是到了 S3，各國職業戰隊都已經慢慢成熟了，現在在積分對戰中也不是說總是有菜雞可以讓他狂揍，所以我希望他可以更認真看待這份工作，也不要指望別人可以給他職業上的方向跟建議。

至於Dinter，當時的他遊戲水準不甚理想，使得他在比賽中常常被單抓，造成隊伍的負擔。記得那時候我是相當語重心長地完成那封信，因為當時的我已經不知道能做什麼了，身為職業選手，很多事情都應該靠自己去完成、建立於自己內心的動機。

在那封信中，我也反省了我自己，回顧了自己做不好的地方，也把我的缺點寫進去了，當時的我在打中路的時候常常只顧著把自己的事情做好，而忽略的隊友，沒有想過要去支援或者是幫助隊友，也沒有負起監督的責任，沒有好好督促他們，有點怠忽了自己的職守，這封信寫完之後，我將信送出才回房去睡覺。

隔天早上起來，Dinter是第一個看到這封信的人，他還特地去提醒隊員看信箱，最後他們都看過了那封懇切的信，對他們來說可能帶來相當大的衝擊，因為他們一直以為我是個吊兒啷噹的港仔，沒想到我會這麼認真地寫了這麼一封信給他們，而且我在信中承認了自己的不足，也讓他們之後能比較放開心胸去談論隊伍的問題。

這封信像是一把鑰匙，也讓他們開始正視自己的問題，雖然這封信後來就變成像是

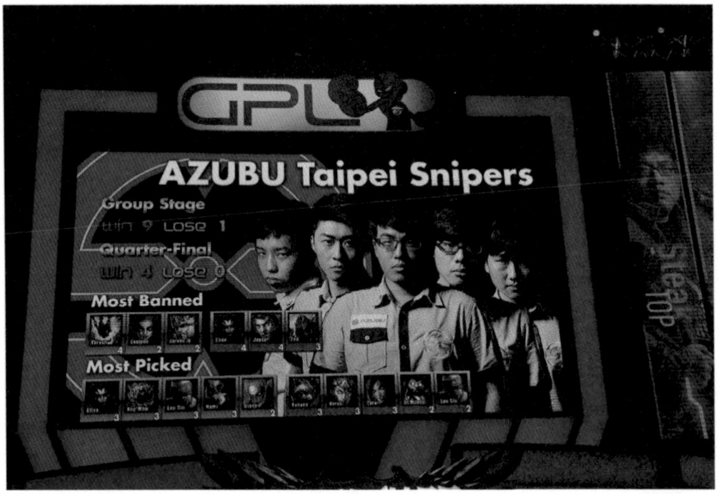

笑話一般的存在，他們常常會拿出來打趣說：「沒想到 Toyz 也會寫這種東西。」其中最為內疚的便是 Dinter，他對我說：「我會改進的。」

他們可能也從未想過我居然用這樣的方式去檢討、去指出隊伍的狀況，每個人都有自己的問題，但一旦點出來之後，他們也不太會去否認，也承諾會盡量改善，首先改進的就是指揮積極程度不夠，畢竟這個遊戲已經不屬於中路一個人就能擔起的，這款遊戲仰賴的是輔助與打野的合作，但當時 Lilballz 完全沒想法，Dinter 有想法但不正確，最後甚至連 TPS 的成績都超越我們，也讓我們的壓力越來越大。

當時TPA才剛拿世界冠軍，所有的玩家都會認為這支隊伍應該要在聯賽中所向披靡才是，怎麼會打成這副德行？但就我自己的觀點而言，我會覺得我自己的狀況其實還不錯，所以也不太能明白怎麼就這麼輸了比賽？但不可否認我們隊伍的狀況就是下滑了，我也試圖要去找問題，但是有些問題是真的解決不了的，像是年紀大了、學習變慢、能力漸漸不足。

「Lilballz的狀況已經不太能適應現在的比賽強度了。」隊內開始有這樣的聲音出現了，老實說，在之前打比賽的時候我也有這樣的感覺，他的操作跟意識漸漸比不上其他職業選手，面對混亂的戰局，他沒有自己的想法，而面對戰術他是個服從者而非領導者，這樣的狀況也使得輔野連動無法完美執行，最為嚴重的莫過於他的角色池問題，狹小的選擇空間使得隊伍被壓制得厲害，當時強力的打野英雄他一個都選不出來，平時他基本不練習這樣的角色，也玩不起來，所以在這段期間，Lilballz就這樣被換掉了，Sarsky加入後，他也漸漸淡出職業舞台。

奪冠之後，Lilballz的職業生涯沒有持續多久，但他似乎對於這一切處之泰然，面對很多事情他似乎都能覺得無所謂，對他來說也許只要能吃能穿，能夠玩他喜歡的遊戲，他就不會特別去爭取些什麼。

看著他我常常會想著，會不會是因為Lilballz的家境好像不錯所以他才能這麼安步當車、沒有太大的野心，因為人是需要動力的嘛，對我來說錢永遠是最大的動力，所以會覺得他很有錢，所以這麼做也是有理由的，他已經沒有要追求的了，奪下世界冠軍這樣遠大的目標都已經達到了，也沒必要去承受現在電競選手這麼大的壓力，所以他就這麼接受了換人的決定。

不過他也還是繼續待在隊上，Lilballz他待了接近半年，他本來就對選手身分興趣缺缺，但那時候老實說也真的沒有幾個人可以選，我們後來換的那個老實說也不厲害，他是當時台服的高端玩家，我們硬是把他換進來，但是在賽場上的表現實在差強人意，你們應該都還對這個名字有印象吧？Sarsky，就是那個上場的時候小龍和巴龍特別容易被偷的打野，後來大家都把打野掉龍稱為Sarsky，就是那個人。

因為隊員輪替、心態問題、版本更動，我們這段時間比賽狀況真的可以說是跌跌撞撞，對我來說這是個很大的壓力，因為所有人都寄望著我們會贏，希望TPA這塊招牌繼續創造傳奇，但我卻很難主導整個狀況，只要其他隊員沒有同樣的想法，心態不夠積極就無法奪得勝利，也許他們都有完成手頭上的工作，但是他們沒有進一步去發想跟創造，僅僅完成本分是無法登峰造極的。

當時我是很想解決這些問題，但我也不知道該怎麼解決，所以我當初寫了那封信，想著有沒有在我願意承認這樣錯誤的時候更加看清自己的問題，去正視這樣的挫折，會走到這步田地，主要是因為大家都不覺得這些問題很大，而我的表現也算穩定，他們也沒有什麼空間可以反駁我，而如果我提出點自己的看法，他們也都會聽，所以我也希望那封信可以成為最大的助力。

不得不說，一剛開始是真的有起色的，但這些問題不是說了就可以改變的，像 Lilballz 是有心無力，Stanley 聽完就算了，或許起初是有改變的，但是很難堅持，加上那時候有著愛情這個變因，也使得狀況雪上加霜，Bebe 倒是一直都很努力，在崗位上認真表現，至於 Dinter 有嘗試去做些東西，但可能真的不是這麼適合輔助這個位置去展現這些想法，但那時候我們的問題也在於沒辦法換人，所以能做的也有限。

那時候我身為主 call，所以他們真的很依賴我，但遊戲已經發展到不是像以前那麼簡單進行的遊戲，所以打野跟輔助需要發起很多戰術指揮，需要他來跟中路選手說，而我也必須專注於線上的交手，所以變成是我很難去主導些什麼，也使得我們的指揮系統有了缺陷，我想要的資訊他們往往也不能提供給我，如此這般也會使得我們在賽場上表現很被動，每場比賽幾乎都是在等輸。

Lilballz 離開後，Stanley 也因為團隊配合和積極度不夠，所以管理層想要把他換掉，於是他們找了一個選手進來，那個選手叫作「Achie」，這位 Achie 是我所不認可的，據說他算是透過關係才加入這個圈子的，我曾經在單排積分上遇過他，我也曾經看過他的直播，就算他用他最擅長的角色也打不贏我，這樣的選手就方方面面來說都是不夠厲害的。

但是就因為透過關係，他加入了戰隊，而我在沒有選擇的情況下必須與他同隊，雖然我清楚明白這是市場機制的問題，因為台港澳真的沒有選手了，加上我不認可他的實力，所以也會讓我覺得很不平衡，畢竟他沒有接受過考驗，甚至沒經過最基礎的測試，就這樣輕輕鬆鬆加入了職業戰隊。

實力不夠堅強的人居然可以加入，加上 Stanley 與 Lilballz 都要離開了、TPA 精神成了一盤散沙，雖然 Bebe 還在、我也覺得很對不起他，但所有我堅持的東西都沒有了，我實在沒有那麼偉大可以待在這裡，想要離開的念頭在我心底萌芽茁壯。

所以就在 Stanley 被 Achie 擠走的同時，我也提出了離隊的請求，然後在還沒正式發布聲明之前，有一群新的後勤加入了 TPA，他們喜歡搞小圈圈，戰隊管理上也出現了許多漏洞，我們就被戰隊「隔離」了，訓練室在樓上，我們被安排到了樓下的一個小角落，不讓我們參與任何的團隊討論，刻意排擠我們的存在，有件事情我印象很深刻：

離開之後我並沒有想要去其他隊伍，那時候我甚至想好好去念書完成學業，可是戰隊中其中兩位後勤跟 Dinter 與 Bebe 嚼舌根，希望透過抹黑我們成為他們倆留下來效忠的動力，他們對 Dinter 和 Bebe 說：「唉呦，他們是因為想要去其他隊伍才走的」、「他們本來就沒有很 care 你們啦」、「人家挖角他們就去了啦」灌輸他們這樣的想法，他們也漸漸相信了這樣的說法，憎恨、忌妒、被背叛的種子也在他們心中慢慢發芽。

不過紙終究包不住火，後來我知道了這件事情，因為隔了兩天後，Dinter 跑來問我：「欸，你是不是要去其他隊伍？」

我滿頭霧水地回：「沒有啊，怎麼突然這麼說？」

Dinter 鬆了一口氣，然後跟我說了那兩個後勤的事情，後來 Bebe 也過來跟我確認這個狀況，才知道他們想要搞分裂跟試圖煽動我們之間的感情，但比起憤怒或難過，我更傷心的是這個隊伍怎麼會被他們搞成這個樣子，這支隊伍怎麼會走到這一步？怎麼好像什麼莫名其妙的人進來胡搞瞎搞都無所謂的樣子？

雖然最後事情有講開，但也成為了我想離開的主要推力，不過因為我們還身處在TPA，所以還是保持著被隔離的狀態，我們不能參與任何會議討論也使得我們的處境相當尷尬，後勤的態度也相當明顯不希望我們與其他隊員有所接觸，當時的我只覺得幼稚跟無聊，要把一支戰隊帶好絕對不是用這樣的作法，而我的去意也益發堅決。

離開TPA這件事情，我與Stanley站在同一陣線，雖然他實力下滑是事實，但再怎麼下滑也不是隨便一個人可以頂替的，如果真的要頂替他，也應該要在全隊隊員都認可的狀況下才能加入電競職業戰隊，這樣的做法我比較能接受。

「我其實也沒打得那麼爛吧，」他那時候喪氣地說。

其實真的是滿難過的，不過當時他的工作態度的確出了點問題，也太常花時間陪伴女朋友了，至少我自己在當時是不跟妹子一起打遊戲的，不過我也不會特別去阻止別人，畢竟下班該幹什麼就幹什麼去，不過這些話我也沒告訴他，畢竟都要走了。

「就算了吧，他們就亂搞。」我無可奈何地說。

說到找新秀選手進隊，我其實也是煞費苦心，那個時候有個高端頗得我青睞，他是你們都認識的 Maple，我很想把他找進來，我在積分對戰上遇到他，打了一場就知道他的水平大概在哪裡，希望可以找他當接班人，但是他因為年紀尚輕，性格跟行為也都不夠穩定，所以沒有找他，後來我找了 FoFo，管理層似乎用了年紀小、難以管理作為藉口拒絕了我的推薦。

最後我還幫他們找了個輔助 Jay，我覺得他玩得真的不錯，他也是我在 TPA 最後一段時光的室友，我與他相處了短短兩個禮拜，因為我真的是個不太說話的人，而他也不太敢與我搭話，因為接洽的人不是我，所以他也不知道是我找他進來的，一直到我離開之後，他才知道原來我才是「幕後黑手」，他才敲我，跟我說當時有點後悔沒跟我多說幾句話，覺得有點不好意思。

我記得那時候要離開台灣是六月的事情，我要走的那段時間，戰隊還是為我們安排了英文課，英文老師叫作 Jessie，知道我們要離開，她忍不住哭了，課堂上我們說了很多，我也跟許多人道別，我和 Bebe 說希望你能繼續加油，他笑著說會的，至於 Dinter，我直接跟他說：「你打得不好，要繼續努力，我也沒辦法留在這個團隊了，未來要加油。」他也很感動。

等到大家都離開之後，我坐在 TPA 的宿舍客廳，如果說給予希望是半個生命，那收回希望就是半個死亡，情緒湧上來，我大哭了起來，眼淚模糊了視線，這裡曾經是我努力了這麼久的地方，但是卻被其他人入侵了，這塊夢想領域被漸漸摧毀，在我的眼前崩塌，我實在不想看到這個地方被澈底搞爛，憤怒、悔恨、痛苦一口氣湧上來，我坐在客廳良久，也不知道哭了多久，收拾好情緒後，我抹掉眼淚，一如當初義無反顧的選擇，我拉著行李箱，回到了我的故鄉香港。

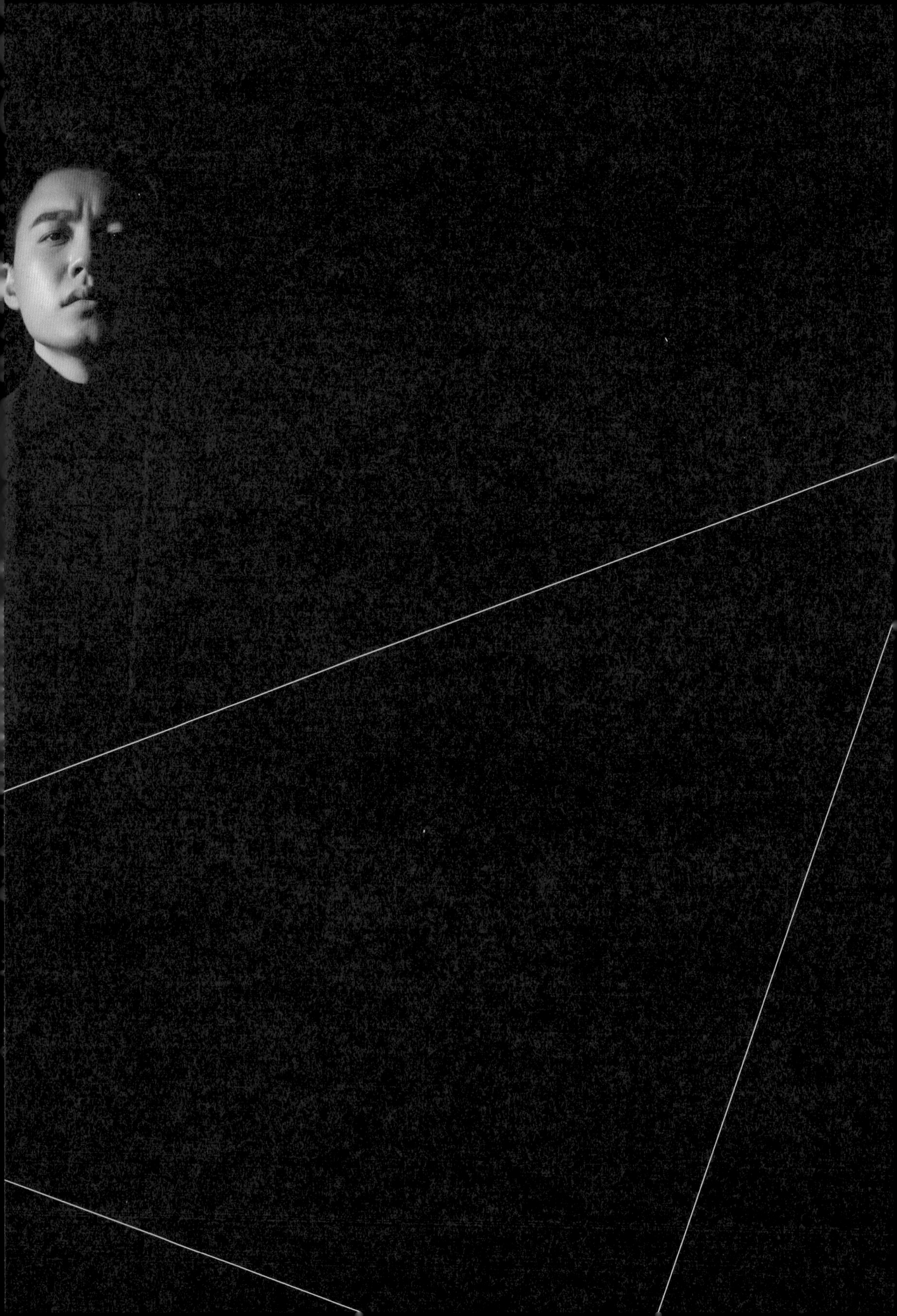

PART 02

圓夢——不放手，直到世界冠軍到手

此處心安

蘇東波〈定風波〉：「試問嶺南應不好？卻道，此心安處是吾鄉。」

離開 TPA 之後，我回到我在香港的家。

我住在新界沙田的村屋，村屋是一種專屬香港的建築，只要是當地住民的男丁可以在私人土地興建房屋，這個政策從殖民地時期沿用至今，我從小就在這兒長大，房子小小的、窄窄的十坪左右，和鄰居根本上的沒有距離，打開吱嘎作響的鐵門就可以一眼看盡所有格局，那裡是床、那裡是桌子、那裡是廚房、那裡是浴室、那裡是冰箱、那裡是電腦、那裡是沙發，隱私什麼的根本不存在，但是在香港有這麼一間租金低又可以棲身的地方已經是很棒了。

我媽在二十歲生我的，我跟我哥只差一歲，我爸是計程車司機，月收入大概兩萬到三萬港幣，我媽是零售店店員，月收入大約是一萬五到兩萬港幣，生活過得還好，這樣的薪資水平已經到達平均左右了，比基礎再好一點點而已。

每天四點下課到家，媽媽一定在家，然後爸爸大約跟我同時到家，到家之後在外頭當司機的爸爸回來一定會先煮自己的「午餐」，為了節省，他從來不在外面吃東西，他是很傳統的香港男人，不會開源只會節流，他回來之後就會找些現成的糕點來吃，然後必定會泡杯冰咖啡。

「你要不要吃？」我爸是個擅長尬聊的句點王。

「我不要。」因為我知道他要吃的是什麼。

他很喜歡吃一種香港傳統的泡麵叫做「福麵」，那是即食伊麵，但那種東西真的很難吃，但我爸超愛，因為他沒有牙齒，而那種麵煮過之後就會變得極度軟爛，變得很好入口，因為他很愛這種麵，所以我們家從小就有很多福麵的存貨，有時候我餓又沒錢的時候也就只能煮那東西來吃，因為實在吃了太多年，所以每次想起那個味道都會覺得很膩很噁心。

但是那是我爸最鍾愛的食物，每次想到他就會想到他吃著福麵，然後喝著他泡的冰咖啡，入喉之後他便會嘆一口長長的氣，彷彿他一天的疲倦都被他嘆了出去，我大概明白他想要做什麼，應該說他在演什麼，他想演出辛苦出去工作然後回來很疲倦的樣子，故意不吃午餐然後回來嚷嚷著「好餓、好餓」，吃這種垃圾東西折磨自己，但我覺得這些事情都沒有什麼必要演給我看，而他的性格有點孤僻，他不太跟人溝通也不太會跟別人相處，更不擅長打開話題，簡而言之他就是個非常孤僻的人，也不太了解家人，所以讓我覺得和他的距離很遙遠。

而從小我就不是念書的料，我一直都不是個能專心在學業上的小孩，上學就在期待吃午餐還有胡鬧，胡鬧完就等著放學，什麼你想像得到的壞事都幹了，只差沒坐牢了，放學一打開家門就先看電腦我哥有沒有在用？沒有的話，就直接坐在位置上開始玩遊戲。

我的家裡很窮，唯一能接觸到電玩遊戲的機會就只有從美國回來的舅舅，他每次來我家都會帶些新奇的東西，電子雞、Game Boy、紅白機什麼的都是他帶回來給我們的，一剛開始我哥還會跟我搶著玩遊戲，但他對於遊戲的熱衷程度跟我相比低得多，他是符合爸媽期待的孩子，他孜孜矻矻，認真念書，好相處又喜歡和爸媽分享生活點滴，而我就是個不愛念書、不聽話又不貼心的那個孩子，就算爸媽不說出口，我也知道自己是那個「被放棄的孩子」，以後不作奸犯科就不錯了，也不指望我有什麼出息。

其實回想起這段時光，如果我專心念或許是可以在學業上取得一番成就，但從小到大，對於學業我都秉持著及格就行的理念，這時我常常覺得爸媽做得不太成功的一點，就是沒有好好督促我的學業，或者是給予我更嚴厲的家教，讓我走上後來的「歧路」。

其實仔細想想或許這一切都是上天註定的，雖然不喜歡念書，但小學時還算安分，那時候我在小學時有一群朋友，他們是群豬朋狗友，但卻是我最好的一群朋友，其中最大尾的就是有混黑道的嘉榮，還有一對雙胞胎庭安、庭樂，我們天天玩在一起，那時候小學畢業我們可以自由選擇學校，我排第一的是我家附近的國中，第二是風評不錯的升學國中，第三是一間最爛的，後來公布分發結果，我被分配到第三間最糟糕的樂道國中，跟他們同校，豬朋狗友們又可以成群結黨了，或許這真的是命運的安排吧。

其實上國中之前，我還是懷抱著一些期望的，想著自己或許可以脫胎換骨，成為不一樣的人，但是那裡整個環境就不適合念書，不怎麼樣的老師、不怎麼樣的教育、不怎麼樣的教學環境、不怎麼樣的同學加上不怎麼樣的朋友，最終造就的就是我那不怎麼樣的生活，你可以感受到心智會漸漸地被腐蝕，最後爛掉，在學校也都不怎麼講話，我在學校總跟混黑道的小孩混在一起，所以也不會有人敢欺負我，每天想做什麼就做什麼，第一年還有好好念書，也沒惹什麼事情，直到我升上國二就是一切荒唐的開始。

從國二開始，我開始翹課，翹課也不是去做什麼有意義的事情，就是跟著那幫人上網咖、到處逛街胡鬧等等，隨著翹的課越多，跟不上進度的狀況就益發嚴重，到最後根本就沒辦法好好念書，我試圖讓考試成績搆在及格的邊緣上，但因為翹了太多課、出席率也不夠，也導致我要重念一年，但是我的豬朋狗友們都升級了，這並不能阻擋我繼續頹廢下去，因為我又認識了新的「小朋友」，變成了他們的老大，但我在學校裡從來沒欺負過別人，就只是管好自己分內的事情而已，老師也管不了。

聽不懂課堂上的東西，那自然得找點樂子做，上課的時候我們就在賭錢，基於家境貧窮，可以說我從小就頗為精通此道，我每天都有二十塊港幣的零用錢，前面在上課我們後面幾個就火熱開賭，最常玩的就是「三公」閒家下注後，莊家切牌再依照點數定次序派牌，然後開牌比大小。

我會動點腦筋讓自己贏錢，因為我在念書的時候家庭經濟狀況變得更加拮据了，有陣子我爸甚至還失業，他原本是幫電視台開公務車後來才轉計程車，然後那時候我媽處於待業狀態，所以每天家裡只給我二十塊港幣，這二十塊港幣包含了我的交通費跟伙食費，坐車就要花掉七塊港幣，每天只剩下十三塊港幣可以吃飯，這十三塊港幣是他們算好的，正好可以在路上的菜市場買個飯盒，雖然已經算是不錯了，但那個東西其實並不好吃，更遑論要我天天吃，所以有的時候我也不會買飯盒，而是隨便在福利社裡面買點零食就打發了，我記得國中的販賣部有賣撈麵跟燒賣之類的點心，撈麵一個才五塊，還能吃兩個。

所以那時候在手頭很緊的狀況下，我會透過賭博來讓自己贏點小錢，像是前面提到的「三公」、「21點」、「10點半」什麼的都會賭，遊戲規則都很簡單，很快開始、很快結束、很快就能完成結帳，一次五塊、十塊就能一直玩下去，大家都很願意去玩，但

Zenox
Zenox
Zenox

AP-01
AAPE
Aape

是賭博這種事情說不準，而我又這麼窮，他們輸了頂多少幾塊錢，我輸了可就沒錢吃飯回家了，所以可能也因為這樣，造就了我對任何事情都非常在意輸贏的個性。

但也不僅止於賭撲克牌，我印象最深的是有一次，那次真的很低能，大半夜地我跟我朋友在一個平台上賽跑，比誰跑得快，贏的人就有二十塊，為了那二十塊，我拚盡全力地跑，但平台的盡頭有個店家，我跑第一但我來不及煞車，直接撞上店家的落地櫥窗玻璃，玻璃瞬間碎裂一地，而我的手臂上也全是玻璃渣滓，知道闖下大禍，我們幾個趕緊抄小路跑了，跑了一陣子覺得安全了，於是我們就走到一個根本不可能有人的陰森小徑，結果不知道為什麼剛好有個警察經過然後抓到了我們，本來還想靠著演技躲過盤查，但那警察拿著手電筒一照：「點都系血？」（怎麼都是血？）這才東窗事發，回去之後我被我媽屌打一頓之後才帶去醫院縫針，最後還賠給店家七千港幣才了事，但一切的起頭都是為了那賽跑的二十塊錢，總而言之，你就知道我到底對錢有多大的執著了。

結緣遊戲

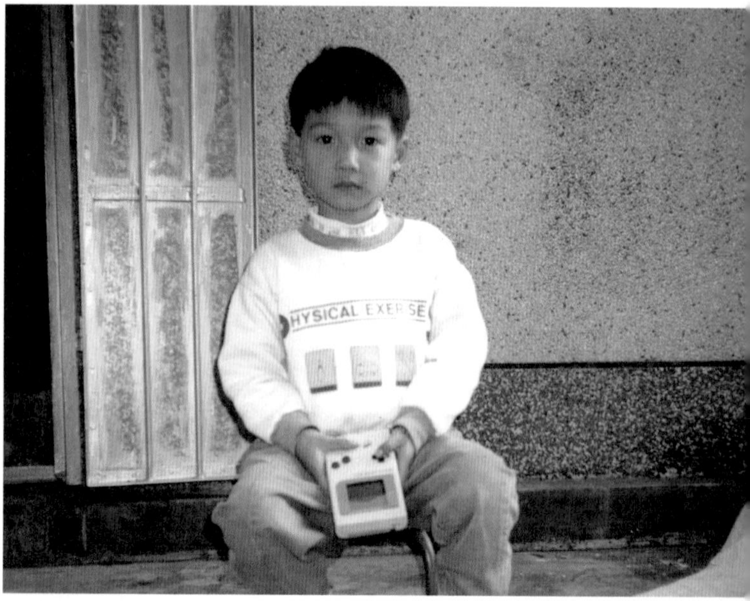

說回遊戲吧，小時候我和我哥喜歡玩《石器時代》和《魔力寶貝》，兩個人會輪流玩電腦，應該說是搶電腦，但我哥對於遊戲的熱衷明顯不如我，所以大部分時間就由著我去，我們除了遊戲以外也沒什麼交集點，他只把遊戲當成消遣，但對我來說遊戲是我一切的成就。

我哥哥是個喜歡跟父母分享事情的孩子，也喜歡聊天，和我截然不同，而且從小就擅長運動，所以我也被逼著要去訓練短跑什麼的，我從小就很會跑步，但他更厲害。我的哥哥總是擔任那個負責打開話題的人，在飯桌上擺著我媽媽的拿手家常菜，蠔油雞翅、番茄炒蛋、炒白菜什麼的，哥哥總是會跟爸媽討論自己在學校的事情，但我只會挑我自己想吃的，趕快吃一吃，然後趕快去用電腦，或許也就是因為這樣我漸漸養成了比較孤僻的個性，不擅長社交，甚至不太適合在社會上生存。

後來哥哥去念了香港很不錯的體育學校，但因為那邊菁英薈萃，所以也沒念上去，考試也沒考得特別好，之後我爸媽選擇跟舅舅借錢，把他送去國外念書，在那刻起我就知道了我是個被比下去的孩子，他是成龍的那個，我是成蟲的那個，我們電腦搶著搶著，他就出國念書了，他在家裡負責擔任聽話的那個孩子，而我就擔任著那個不被期待的孩子。

有多不被期待呢？我念國中、高中都被留級就知道了，相較於出國念書、符合爸媽期待的哥哥，我就是個沉迷於線上遊戲的網癮少年，我的遊戲史簡直見證了整個香港流行電玩的發展，剛上國中的時候有《勁舞團》、《三國》然後漸漸開始培養自己打多人線上戰鬥競技場類遊戲的習慣，後來因為技術被朋友看好也漸漸開始參加比賽，然後後來還有《信長之野望》什麼的，那時候翹課打網咖都在打這幾款遊戲，而他們也知道我打遊戲很厲害。

不過那時候我也漸漸與那些豬朋狗友們分道揚鑣，混黑道的嘉榮喜歡把妹，比起螢幕跟鍵盤之間的鬥爭，他更喜歡那些看得見的、虛榮的東西，雙胞胎就很喜歡，他們也知道我遊戲水平很不錯，不過打著打著，他

們就知道終究不在一個位階上，而我也在網路上認識了一些新朋友，當然我也還是會陪著雙胞胎玩些普通的練功遊戲，但會花更多時間在練習那些競技遊戲上面，伴隨著無止境的練習，我的學業也每況愈下，最終到了覆水難收的地步。

我記得那時候我《信長》總玩雜賀孫市、織田信長、百地三太夫，我從大概國二、國三就開始嘗試打比賽了，那時我認識的那些新的網友年紀都比我大兩、三歲，一個叫阿牛、一個叫嘉健，以我們三個為核心那時我們打造了一個隊伍叫做「Loser」，當時我沒意識到這是電競戰隊，因為還沒有這種概念，就只是平時打開心的，然後打比賽領獎品這樣的功用，那時候的比賽還沒有獎金，只有獎品券，比如說拿著這張券可以在網咖折抵500塊港幣啊，或者是可以換到一些硬體廠商送的滑鼠跟鍵盤等等的，只要我們覺得值得就會組團去參加比賽，在那個時候也打出一些成績。

面對這樣的狀況，我爸媽也沒阻止過我，就像我提到的，我就是那個不爭氣而不被爸媽期待的二兒子，他們也從來沒因為這件事情訓斥過我，只有在國一、國二的時候，我曾經沉迷於某款練功遊戲，我每天就在那裡練功打副本，我一坐下去就連續四十幾個小時，也沒做過什麼別的事情，打到都魔愣、甚至發燒了，我爸終於看不下去，一巴掌把我打倒在地上，我才停下來，那也是我爸唯一一次打過我。

但對這些得到的獎品他們都不當一回事，也不曾過問過，或覺得奇怪這些獎品是從哪來的，我也不在意父母的看法，就自己玩自己的，等到我升上高中狀況也是一模一樣的，我依舊跟阿牛跟嘉健玩在一塊兒，也跟雙胞胎漸行漸遠，因為遊戲水平已經完全拉開了，所以他們也不跟我一起打信長了。

為了繼續打遊戲，我變得更常翹課了，每天早上就用自己的手機冒充我爸的聲音打電話去學校說：「我兒子不舒服，我兒子今天就不去學校了。」然後就直接去網咖打遊戲，偶爾還是會被發現，學校會打電話給我媽再次確認狀況，她知道我翹課但也不會怎

麼樣，她似乎就這麼接受了我的叛逆，因為我不太跟他們說自己在想什麼，所以他們也不是很了解我。

我高一出席率依舊低得驚人，再度成功留級，跟我同年的那群豬朋狗友們都要準備考大學的會考了，而我還在念高一，我被留級的那年適逢香港教育制度改制，變成所謂的「三三四」的學制，我已經不用再考那個會考了，但我還是得在這個學校待三年，同時我的同歲朋友已經要畢業了，想到還要再多浪費三年渾渾噩噩的光陰，我就下定決心不要再念了，雖然是免費教育但還是得買課本，還是得花時間，所以我就打定主意決定休學。

在學校我只喜歡兩堂課：電腦課和英文

課，電腦課不需多說，因為可以玩電腦，至於英文課，因為我從小就特別對外語感興趣，也覺得講英文很屌，所以只有在英文課特別專心，在我高一那年，也就是我被留級的那年，有個教英文的實習老師來了，那年念香港大學外文系的她才大三，她相當有氣質而且很漂亮，紅棕色的頭髮披在肩膀上，笑起來臉頰會鼓鼓的，蘋果肌是漂亮淡粉色，但下巴卻是尖尖的，嘴唇有點厚，我們總說她與 Angelina Jolie 撞臉，平時穿著很樸素，總是襯衫外套配上牛仔褲的她，腳上總穿著方便行動的平底鞋。她的到來改變了一切，平時我上課的時候不是在睡覺就是在賭錢，而她的課我上得很認真，直到實習三個月結束，她要離開了，於是我鼓起勇氣跟她要了手機號碼。

剛加了手機號碼之後我也沒有聯繫她，直到暑假的時候我才嘗試著要聯繫她，試著看看能不能追到她，我是個把妹從來沒失敗過的人，因為我知道對方在想什麼，對我來說每個交談都是一場心理戰，每一步都演算著她想做什麼、她想要聽什麼、她希望我做什麼，不斷揣測著妹子的想法去陪妹子聊天，也因此我能落入不敗之地。

藉著這樣的方式，我開始每天傳短訊給她，只有用文字、沒有打過電話，我每天早上醒來第一封訊息就是傳給她的，關心她平常在幹什麼、正在做什麼、或者是正在苦惱什麼，她是個喜歡念書的女孩，我料想她的生活應該是很無聊，要不然也不會跟我這個小男生有來往，而我的短訊攻勢也成功奏效，最後也跟她在一起了。

追到她的時候，她正好要畢業，她的畢業等於給了我一個理由，我的女朋友都要畢業了，我卻還在念高中，這樣的狀況也逼得我不得不面對現實，我覺得自己不能再這樣繼續下去了，我也不想浪費時間在無所謂的學業上，在香港念到好大學的機會不到兩成，怎麼想我也不可能擠進去那框窄門，但我也不能繼續當個小低能，所以我選擇離開學校了，而我離開學校的原因就是實習教師女友，這件事情甚至在校內轟動一時，但因為會影響到學校聲譽，所以也沒有完全爆出來。

我還記得那時候提休學是在剛開學沒多久的時候，那天我又翹課了，下午一點我媽剛好買菜回來，她就這樣提著菜看著我，那時其實我是有點意外的，因為我以為他們都還在工作。

「你怎麼又在家了？」

從語氣上聽來就知道她不是很開心，在那個時間點我心知肚明已經累積了太多問題，在我爸媽的心中我就是個小廢物了，而且他們已經有哥哥這個好兒子了，對我這個壞兒

子應該也沒有什麼多的期待了，在這樣的情感抉擇下，對於我是否有成就，他們是無所謂的。

我媽把菜放了下來：「所以你現在要怎樣？」

「媽，我不想念了，」我摘下耳機：「我念不下去了，我沒有那個興趣也沒辦法專注在學業上。」

我慢慢地跟她說我知道我自己在學校都無所事事，我也知道自己不是那塊料，其中有些是事實，有些是藉口，但我心知肚明，在香港找工作只要不是大學畢業，不論是國中畢業、高中畢業、高中肄業都一樣的，只要沒有大學文憑，在香港就是沒有學歷的人，所以我希望我可以早點出來工作，不要再浪費時間。

「你只要不要向家裡拿錢，我就隨便你。」最後我媽對我說了這麼一句話。

「好，我不拿你的錢，我直接開始工作。」

我想我父母看著我這樣一直在學校裡浪費生命也不好過，我爸也沒特別說什麼，我想他可能就覺得我這孩子沒救了吧，也很快就答應了，我也把這件事情轉達給我的實習老師女朋友，我告訴她我的想法，我跟她說我真的念不下去了，她也完全明白這點，也沒有特別阻攔，然後也願意繼續和我在一起。

她的名字叫做寶善，她喜歡畫畫，最喜歡的畫家是梵谷，她是個溫柔而且善於傾聽的人，她可以從聆聽的角度去引導你想說的話，而我們的相處與一般的情侶無異，偶爾出門逛街看電影，什麼電影都看，她很喜歡看文藝片，但我完全看不懂。

那時候我的經濟並不好，但是她家經濟條件還算優越，而且也已經出來賺錢，所以我們在選擇約會地點的時候變得很有限，她也體貼我的狀況，大部分的時間都平攤約會費用，甚至會幫我付錢，她的朋友不多，但我的問題很多，所以我們總是相處在一起，那段時間我們過得很幸福。

飛往台北

離開學校後，我一份工作換過一份，工作換得極快，當我找到一份工作之後就忙著找下一份，我不安於現狀，因為我希望薪水越多越好，所以才會一直換工作，有些工作做不到一個月，長的甚至也才兩個月，我打過零工、當過搬運工，什麼貨都搬，也曾經在街頭送貨過，也曾幫忙在貨運的客艙裡包貨，每天搬搬抬抬的，還曾經去旅遊景點賣玩具跟遙控飛機，因為會接觸到很多內地的客人，所以我的普通話也是在那個地方練起來的，那份工作月薪是一萬到兩萬港幣，其實還算不錯，但是因為從我家到工作地點來回至少要三到四小時，要轉很多次車，所以漸漸覺得不太OK。

下一份工作則是在連鎖的服飾店賣衣服，也算是不錯的品牌，我想還在我家附近的，但我被公司覺得我的普通話跟英文比較好，所以把我派到了旗艦店，後來甚至做過「倫敦金」的買賣，就是把投資者買賣交易記錄在其個別的黃金存摺賬戶內，然後金商與客戶之間以電話、電傳等進行交易，這東西可以說是香港的特產，有興趣自己可以去查查，簡單來說就是推銷別人一種風險較高的投資方式，那時候我在實德金融工作，這份工作就是坐在辦公室，然後按照主管給你的電話列表開始一個一個打電話，一剛開始其實滿困難的，幾乎每通電話都被掛，也不太懂得怎麼銷售，最後掌握到技巧之後也的確賺了不少，而在我那個年紀能賺到那樣的金額已經算是挺了不起的了，但這份工作也沒有什麼未來，但我也沒有什麼辦法。

香港是個很絕望的城市，你不論賺再多錢都買不起房子，工作的地方也就那樣，住的地方很窄小而且沒有隱私，我還是睡在那個跟哥哥分著睡的雙層床，硬硬的床板上面墊著薄薄的床墊，我家所在的那個樓層是整個村屋裡面最吵的，他們總是嚷嚷著說話，音量都很大，那個薄薄的門根本無法阻攔他們的熱情。

「要下雨啦，快點收衣服啦！」

同一層的對面甚至有個神經病，有事沒事就會大吵大鬧，天天打他的母親，甚至還拿刀砍人過，在那樣的環境生活，不瘋就不錯了，每天從那種地方出門去上班，香港的步伐比台灣快得多，不論電梯還是手扶梯也都快得多，服務生也是特別不耐煩，每天都過著幾乎透不過氣的生活，日復一日，你只要停下腳步，其他人就會追過你，我就這樣一直被推著走，我得養活我自己，我不能跟家裡拿錢。

然後我還是繼續在那裡工作，那份工作沒有固定上班時間，也是因為這樣所以我才選擇了這個工作，像是這種零售業的工作隨時都可以開始也隨時都可以回去，只要英文跟普通話說得不錯就可以，沒有事情甚至還能偷偷打個電動，而我就是抱著這樣的心態在那邊工作的。

總監 Toyz
指定推薦
2019/7/25-12/31
可以幫我掃描QR code，
即享三星曲面螢幕限定優惠！
三星商城
即刻購買 ▶
商品資訊
了解更多 ▶

但是那份工作還是有淡旺季，在淡季的時候，我的收入變少了，但我對這份工作也沒有什麼野心，所以我把時間都放在了遊戲上面，自從我出社會之後，我的生活劃分為：工作、遊戲、陪伴女朋友，但隨著遊戲對我來說越來越重要，我陪她的時間也越來越少，工作的錢變少了，感情也變淡了，經過了熱戀期的盲目，她在我身上也漸漸看不到未來，她也無法從這段戀情中看見希望，我也已經工作了一年了，也不曾看到我的工作有什麼成就，經過了思考之後，我們和平分手了，而我也益發忘情地將熱情投注於遊戲之上。

我還是繼續在玩著《信長》，但是作者換掉之後我也沒有再玩了，因為我覺得那個遊戲走味了，所以就放棄了，在那段時間我也有玩其他線上遊戲，其中花最多時間的就是《龍之谷》，剛開始這個遊戲很平衡很有趣，我在那款遊戲中可以說是登峰造極，我是很強的 **PVP** 的玩家，在 **PVP** 的時候其實是吃裝備的，但是在那個時候我甚至可以把全部的裝備脫光都能打贏全伺服器的人，當時我總是打著「如果你輸了就把裝備都給我，如果我輸了就把帳號刪了」，所以我在那個遊戲中挺有成就感的，同時也在那個遊戲裡面認識了一個小女生，她的 **ID** 叫做「芙米米」，她的聲音聽起來比我還小，以前在玩遊戲的時候我還是個喜歡貪小便宜的屁孩，芙米米總是很大方地送我禮物，而且每次在我 **PVP** 的時候都在一邊觀看，並投以崇拜的眼光，我們很常膩在一起。

然後打著打著，《龍之谷》也漸漸變質，在這遊戲中裝備影響越來越大，技術成分漸漸地變得不是那麼重要，所以我就不玩了，後來我接觸到了《英雄聯盟》，那時候推薦我玩這款遊戲的是嘉健。

我第一次看到《英雄聯盟》的時候還想著：媽的這什麼低能遊戲，這畫風怎麼這麼醜，我打到一半就直接中離遊戲，我真的玩不下去。但過了一個禮拜之後發現我真的沒有遊戲可以打，玩家們都知道，如果你真的很沉迷於打遊戲，沒有遊戲可以打會真的全身發癢，所以我又重新打開那個遊戲，然後從新手推薦的英雄艾希開始打。

因為《信長》的習慣，我一剛開始接觸的是下路線，但我剛開始玩這個遊戲的時候會開始懷疑自己是不是很菜，因為在那個時候還沒有現在這種鑽石、白金、金牌、銀牌這種分段，只有分數的階段差別，那時候我一直卡在一千三百分，卡了好長一段時間，我就開始懷疑自己是不是其實並不如想像中的擅長打遊戲，但打一打後來就突然開竅了，分數一直往上爬，我漸漸去熟悉每個角色的技能，了解每個英雄的定位，也漸漸了解整個遊戲的節奏，並開始有了大局觀，分數就開始往上爬，一路衝到了一千八百、九百分左右，然後開始跟嘉健雙排，一路排到兩千分左右，但他打的其實是打野，所以我們倆也沒有什麼互動，加上其實我的遊戲水平也漸漸超過了他，於是我選擇了單排，然後分數又往上提升了不少，大概打到了兩千四百多分，那時候遊戲最強的頂尖也就是兩千六百左右而已，但畢竟那時候我頂著極高的 PING 值打，所以也沒有什麼辦法，我就在這樣追求娛樂且完全沒有目標的狀況下飆到了這個分數。

這時《英雄聯盟》的比賽如雨後春筍般出現，我跟嘉健也有了組隊的念頭，我們依舊沿用「Loser」隊名，後來我們去參加了一個業餘的比賽，贏了的隊伍可以硬體設備的贊助，每個月提供很棒的硬體給我們，「CG 職業戰隊」正式成立，後來我們又找了幾個人加入了戰隊，打上路的叫作 Justin，他是我們在打美國伺服器的時候認識的，他是個富二代，家大業大，不僅有開連鎖美容院，更有各種雜七雜八的產業支持，就算他四肢全斷都能幸福過活，然後我們就組隊打了很長一段時間，那時我們還找了一個叫做「小喬」的男生打輔助，他是個很瘦但很溫柔的男生，講話不大聲，那時候的中路是個很菜的玩家，雖然我們已經贏得了冠軍也獲得了 CG 的贊助，然而他的實力真的跟不上，同時我們又得找個人來替補，所以那時候我乾脆自己去打中路，然後另外找幾個朋友來一起打比賽，當時我們找到了一個業餘的 AD 叫做 Tanky，我覺得他是個相當天才的選手，他的操作很新穎而且相當靈活，真的很厲害，那時候的他還在念書，但只要不影響念書，他父母都願意讓他在電競賽場上小試身手，然後我也正式轉為中路。

Zenox
Zenox
SCENE

我們第一次去打的比賽就是去廣州的 IEM，但被屌打一頓之後就回來了，這段時間我們還是有去參加一些大大小小的比賽，但打得跌跌撞撞的，戰隊成績並沒有相當突出，與此同時 Tanky 的父母希望他以學業為重，而不願意讓他繼續打比賽，而當時《英雄聯盟》的圈子很小，香港的電競圈又更小了，所有小有名氣的玩家們都自以為很強，覺得自己的實力可以輾壓其他對手。

但對我來說，遊戲的分數代表一切，如果你的分數沒有那麼高、講話就不應該這麼大聲，我想找個人擔任替補中路或者 AD，但沒有人願意進來，畢竟自覺有能力的人都會想自己組一支戰隊，誰又想被歸於麾下呢？於是那時候我出了一個下策，那時候 CG 的經理提議說要我拍攝一個影片，那個影片就是我本人群嘲全香港《英雄聯盟》社群，說我是香港第一勁的 AP，剩下的人都是垃圾，不服輸的僅管來挑戰我，相當的霸氣，但對我來說那個影片我只是想找到一個可以擔任替補的選手，但也因這支影片把我的名聲都搞黑了，也把整個社群都惹毛了，但只要能夠引那個天選之人出來我就滿意了，不過到最後真的沒有人打得過我，我記得只有一個人從我手中拿走一小分，他的名字叫做 Wish，但他也不覺得他有必要跟我同隊，他就是那種標準自己為很強的人，所以他也沒有進來，也沒有找到人可以頂 Tanky 這個位置。

後來找了許久我們終於找到 Bebe，後來發生了一些事情，我們漸漸發現 Justin 遊戲水平似乎並沒有到他的分數所展示的那麼好，我們開始懷疑他的分數是買來的，而他也自覺退出了戰隊，我們後來找到了個上路 UDJ，和另外一個輔助 Donho，他是高端玩家，技巧很好但人就是有點怪，用這樣的組合我們開始參加比賽，雖然 Tanky 也還在替補名單上，但也不知道有沒有空，所以他也就這麼一直擱著。

我們漸漸開始打線上的比賽，也參加過不少的戰役，印象最深刻的就是我們有打過一個線上的小比賽叫做「GOPRO」，那時候的我們對上了成軍沒多久的 TPA，我們在決賽遇到他們，把他們打得稀巴爛，然後沒過多久他們就過來找我跟 Bebe 了，其實那時候的他們只缺一個 AD，因為當時他們有個女性成員 Colalin，希望可以把 Bebe 找進去之後把整體實力往上拉抬，然後讓 MiSTakE 轉輔助，但是當時在決賽中我也把他們的中路選手 NeXAbc 打得生活無法自理，所以他們同時找了兩個人。

另外在這些事情發生之前還有一小段插曲，我們打贏 TPA 時便覺得說所謂的職業戰隊也沒什麼，這樣的能力就能夠領月薪四萬實在有點可笑，那我們每個人不是也都能拿錢了嗎？我們當時這麼屁孩的想著，並對 TPA 的實力嗤之以鼻。這時那個一起打《龍之谷》的小女生「芙米米」便敲我，就問我最近在幹嘛？最近在做些什麼？然後她其實也知道我在打《英雄聯盟》，然後打完那場決賽之後，她又敲我一次，她問我說：「你有沒有興趣打職業？我認識 Garena 的高層可引薦你。」

其實早在《龍之谷》那時候她就有說她有個表姊在線上遊戲代理商工作什麼的，所以才可以一直送禮物，而現在又說能提供我一個電競選手的職缺，當下其實我覺得很像是詐騙，怎麼可能這麼剛好？但當時的我失戀也無心工作，加上我對這個職缺有興趣，所以我還是答應了，她將我引薦給了她的表姊泡芙，於是我到了 TPA 進行了測試，在那個時候我的表現驚艷了他們所有人，因為我身為一個香港人，竟然可以跟所有隊員順利溝通，甚至可以進行指揮，對遊戲的理解也相當成熟，也有自己的想法，因此我也順利通過測試了，順理成章的加入了 TPA。

我記得剛到台灣的那時候大概是九、十月的事情，天氣漸漸轉涼之際，我穿了白襯衫配西裝褲，襯衫沒有紮進去，然後穿了半筒的霧面皮鞋，外面搭了灰色長風衣，因為穿得有點正式，所以這件事情一直被他們當成是笑料講，覺得我真的很裝逼。

記得那時候要離開香港到台北過生活的時候，我在家裡收拾著東西，我跟我媽的溝通也相當簡短，我跟他說我要去台灣工作，她只有說不要被騙喔之類的叮嚀，因為對她來說只要我能養活自己，然後不要跟她拿錢就萬事OK，但我也忽略了情感層面的一些東西，在那時候我不在乎我媽媽的感受，我也沒有想過她是不是需要小兒子的陪伴，這點是我疏忽了，但那時候的我真的沒想麼多，而在那個時候她也表達出她的擔心，她害怕我在台灣過得不好，給了我許多叮囑，看到我行李箱只裝了一些衣服、鍵盤、滑鼠之類的設備，便要我帶這個帶那個的，擔心我吃不飽、穿不暖，「這件可以帶啦、這個也可以、這個也帶著好了」然後塞了一堆家庭藥品給我，我記得那時候我還帶了一堆香港特有的幸福感冒素，我其實知道她是真的很擔心我的，而當時的我忽略她的依依不捨，最後還是義無反顧地到台灣工作。

然後經歷了這麼多，現在我拉著行李箱又回到了這個地方，我記得當時是晚上，我爸媽都在家，但具體來說發生什麼事情或我們說了什麼話我都已經沒什麼印象了，對我來說只有特別醜陋或令人憤怒的狀況我才會印象深刻，而那時我只記得是個平淡無奇的夜晚，當時的我跟小時候的我一樣都不會具體說我發生了什麼，只是默默的回到了那個窄窄小小的家。

從小到大，我跟父母每次的對話都是「我去囉」、「我回來囉」，他們會問我狀況怎麼樣，我就只會說：「OK 啦」、「還行吧」之類的，這樣輕描淡寫地說，就連我拿世界冠軍都是我哥跟他們說的，以至於很多事情我還沒親口跟他們說怎麼了，她就已經先知道了，在那個時候我已經習慣把很多情感都埋在心底，因為我覺得跟他們說他們也不會了解，所以很多事情都已經自己過濾完畢了，思索再三最後不過也就那樣了，我也不覺得有必要多說些什麼。

奪冠之後，我父親態度有所改變，他會嘗試跟我尬聊，主動希望可以改善父子之間的關係，而我媽依舊是相當關心我，處處為我設想，但也不是煩惱我的未來，而僅僅是擔心我的健康與身體狀況。經歷了這麼多事情，我也變得很獨立了，面對這麼多風風雨雨其實也沒有很悲傷，但我也有所改變了，因為經歷了這些事情，我發現我能講的故事變多了，我也開始跟老人家們講起我的故事，我跟他們說起我當初在 TPA 做的每個重要抉擇，然後討論如果是你會怎麼做，而透過這樣的講述我也開始漸漸意識到自己在人際相處上的一意孤行，那時候的我還年輕，所以總是忽略他人的感受，我在那個時候覺得自己很強，是個頂尖的電競選手，我的能力足以隻手遮天，我該有的東西你應該要給我什麼的，或許就是在這樣的家庭環境下長大，所以我才培養出這些相當不好的相處方式。

其實如果把我扔回當年那個選擇的岔路，把我扔到那個尷尬的下午，你問我要選當電競選手還是好好念書？老實說即便我確定能奪得世界冠軍，我還是會選擇念書，我希望我曾經好好完成學業，成為一個畢業生、一個無趣的大人、一個負責任的上班族，如果我做到這一切的話，我就能跟寶善一直走下去，一起組個家庭，過著平凡無奇的生活，但這一切都只是或許，人生是一場無法暫停的實況，你一旦按了開始，你就沒辦法停下來。

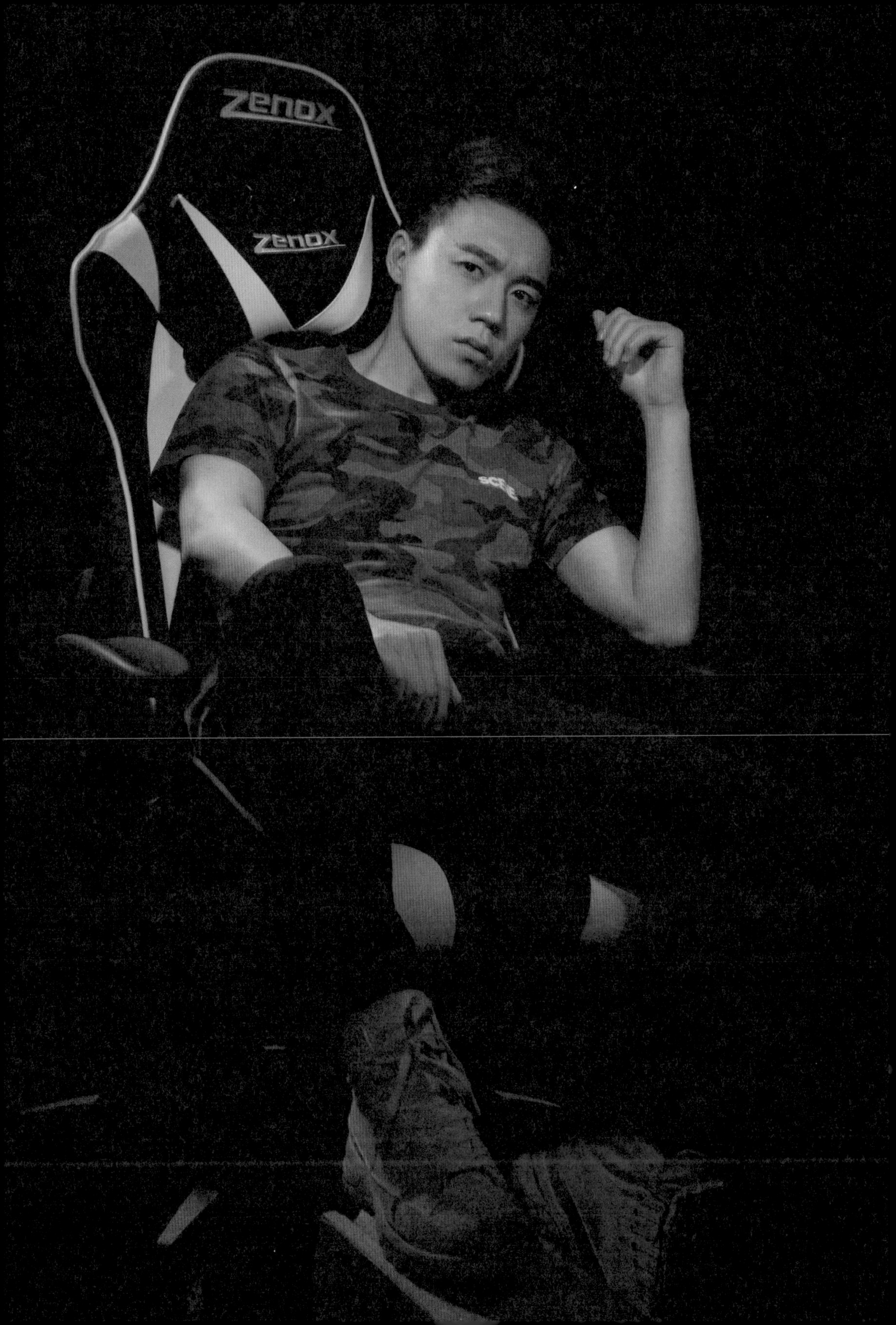
Zenox
Zenox

PART 03

追夢——被冰凍的中路野獸

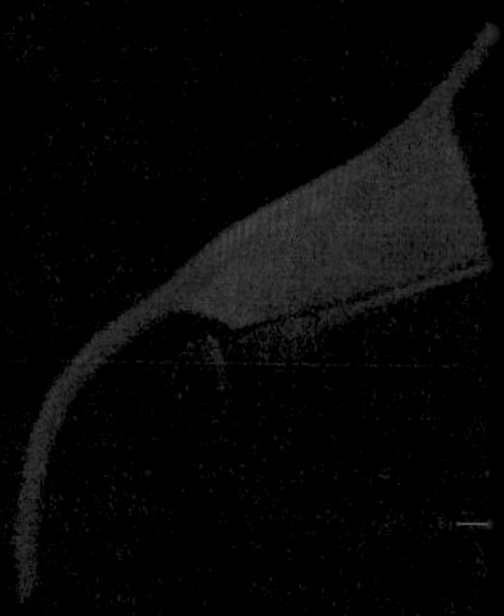

離開之後

其實回顧到這邊，我真的覺得以前的自己做事情太直接了，我一直把事情想得很簡單，以前的我總是覺得道理站在哪邊、就應該往哪邊走，所以我完全忽略了對方的情緒與感受——而在當時，我不認為這兩項東西是重要的。

比方說像冠軍獎金這檔事，我覺得這是應該要給我的，你不能不給；像是加薪這種事情，我覺得我付出這麼多精力，你應該要給我同等的報酬，而我到了最近才漸漸開始學習並嘗試著去改變自己的行為，並開始尊重對方感受，我試著讓人覺得我沒那麼雞掰。

我的個性會這樣恐怕真的得歸咎於家境貧寒，自從我輟學之後，我就得養活自己，所以我對於金錢事相當執著的，屬於我的就會一定追求到底，當然相反的，不屬於我的也不會去拿，這也是我自小到大唯一信奉的方針，而我在台灣生活這麼多年也才發現，台灣人在追求他們應有的權利之際，其實很多時候不願意去開口要，因為他們會害怕傷害別人的感受、害怕影響自己在別人心目中的形象、更害怕其他人會怎麼在背後說他們的不是，所以在職場上總是會吃很多的悶虧，但香港人不是，面對於屬於自己的東西，他們會表現得更激進一些，當然我們也會因此吸引到不一樣的目光。

對我來說，電競選手是個可以證明自己的職業，而這條路一旦走上了便沒有回頭路了，當初在踏進這個圈子的時候，我只希望能打出點成績，畢竟我都踏一隻腳進來了，那我真的得打出點什麼，不要讓我的家人、朋友覺得我只是在浪費人生，雖然講得這麼冠冕堂皇，但其實我在當時選擇這條路是有點像是在逃避現實的，因為也不知道自己會不會贏，或者是能打出什麼成績，因此我極需要亮眼的成績來證明自己，證明我不僅僅是在逃避現實而已。

我認為一個成功的職業選手要對工作投注百分之百的認真，要對遊戲和成績有野心、要努力去突破自己，去創造出屬於自己的風格，千萬不能夠畫地自限，或認為覺得自己到這種程度就可以了，說真的，我常常覺得有些選手就是鄉民所說的「電競公務員」，他們對於職業生涯沒有什麼別的想法，也不去改善自己的技術，他們寧可去玩別的遊戲、去追連續劇或者是去做些與自己工作無關的事情，他們寧可耍廢也不肯去追求卓越，在早期出道的選手都會覺得這份工作得來不易，但現在很多選手都會覺得反正你不跟我續約、別支戰隊也會找我續約，現在的選手都會有這樣的感覺，而漸漸的不去珍惜這樣的機會。

話說回來，離開 TPA 後我回到香港，第一個想法是到國外念書，對我來說未完成的學業一直是我心底的一個遺憾，而那時我的女朋友是個相當有錢的千金，她家是開五星級飯店的，當時我和她在一起的時候她很想養我，她也不斷建議我去加拿大念書，因為她也在加拿大念書，希望我可以好好考慮一下，但就如同我前面所說的，我已經一隻腳踏進電競圈了，如果再出來的話先前的努力都等於枉費了，而且我也不希望她養我，加上我媽那時候生病了，檢測結果是乳癌，而且需要做手術，她自己一個人其實是有點慌的，所以我也在香港待了一陣子，這段時間除了陪伴我的母親以外，也想著未來該怎麼走，是應該完成學業、還是繼續待在電競圈裡，畢竟在我離開 TPA 之後也有中國 LPL 戰隊找我加入，以及香港的隊伍邀請，但在這麼多選擇之中，因為顧慮到我媽的身體狀況欠佳，哥哥也不在香港，我爸與她之間感情又出現一些狀況，所以我必須陪伴在她身邊，於是我放棄了去加拿大念書的選擇，也和千金小姐分了手，繼續待在香港好好考慮著自己的未來。

我每天窩在那個小小的村屋，想著我到底該怎麼做比較好，也算是放我自己一小段時間的假，好好清空自己的腦袋，權衡著哪條路到底比較好，然後就在這個時候，我與鍾培生搭上線。

待在香港我能找的朋友就那幾個，當年一路一起奮鬥的嘉健還有富家公子哥兒 Justin，有錢人認識有錢人也不奇怪，當時的鍾培生可以說是小有名氣，所以面對 Justin

的引薦我也不疑有他，加上我也沒別的事情在身，便直接去赴約了。

我們這群喜歡打遊戲的網癮少年的約會地點肯定是在網咖，我和嘉健先到了，也打了幾場暖暖手，然後 Justin 和鍾培生也到了，當天我覺得挺奇怪的，因為我那時候覺得有錢人如果遇到一些小錢或小開支通常都不會讓其他人付，尤其是在你表現出賞識對方的狀況，易地而處如果我是有錢人，一般來說會覺得這樣分開付是丟臉的，但是鍾培生不是，那天的台我們是自己開的，然後當天我跟嘉健因為打得比較久，所以也餓了，當時我們叫了外賣，鍾培生瞥了一眼說他想要吃某幾個品項，食物送達後——

「所以我的那份多少？」鍾培生問。

我們先是一愣，然後說出了金額，接著他就給了剛好的錢。其實這只是一件小事，但對我來說印象相當深刻，當下也只覺得有些怪、有些尷尬，當然我不是理所當然地認為鍾培生應該要請，而是如果互換角色，我不會讓對方出錢，這是我的想法，但我也沒有多說什麼，畢竟這是一個人的個性跟處世風格。

打了幾盤後，我意識到鍾培生是個遊戲水準平平，但覺得自己技術很好的玩家，後來我們交換了臉書跟聯絡方式，然後我便收到了來自 HKE 的邀約。

「有沒有興趣跟我們合作？」那時鍾培生向我提議。

而我答應了。

加入HKE

休息了一兩個月之後，我和香港電子競技有限公司簽了兩年的契約，這份工作不僅能夠讓我待在香港，更能夠就近照顧我媽，所以整體來說是相當不錯的，剛開始也還沒說清楚我實際上的工作或職銜是什麼，因為對鍾培生來說我跟他簽什麼約都不重要，總而言之先把我掛在他們公司名下，去代表他的公司就好，但因為一切都還不確定，所以當初我先簽下了教練的合約。

簽下教練約主要是因為鍾培生想要打造一支職業電競隊伍，他需要選手也需要教練，而當時我便先進行了戰隊指導的部分，主要是帶領香港隊伍，但也不是全職的，只是偶爾過去看看狀況並給予一些方向性的指導。

那支隊伍的選手大部分都挺正常的，但實力肯定不是台港澳最頂尖的選手，香港的小朋友不太會處理人際之間的關係，在面對群體生活的時候多半都會先行組起小圈圈，藉此來鞏固自己的勢力，而忽略的隊伍團體利益。

雖然有幾個選手實力即便不到拔尖，但可以說是還不錯的，但是其他人真的不行，一來是天分不夠，二來是性格太過古怪，其中一位選手讓我印象很深刻，據他說他有雙重人格，在生氣的時候會出現另外一個人格，但我從來沒去驗證過這件事情的真偽。

他們戰隊宿舍的空間不大，頂多十五坪左右，有兩個房間，一個是隊長自己睡的，另一間則是四個隊員擠在一塊的，那個有雙重人格的隊員曾經在半夜三、四點左右，拿著菜刀去敲隊長的門。

「還我。」然後急促的敲門：「還我。」

隊長還睡眼惺忪地打開門，看到對方拿著菜刀說著：「還我。」

他嚇都嚇死地問說：「還你什麼？」

「剪刀，我不知道我放在哪裡了。」

隔天隊長跟我說了這件事情，那個隊員馬上就被解雇了，因為實在太可怕，我想可能也與香港人壓力很大有關，那時候知道這件事情的時候我甚至還開玩笑跟隊長說，如果還留著他哪天在宿舍你們就被 Quadra Kill 了。

所以在那個時候我就漸漸覺得除了隊員性格有些問題，選手的實力也並不足以成為所謂的職業選手，不僅是我在浪費時間，那群孩子也在浪費時間，在這段時間內，我開始漸漸意識到鍾培生把我簽進去之後對於我該做些什麼、我的未來該當選手還是教練、未來的規劃是什麼，他自己都不太清楚，也讓我漸漸開始懷疑他簽約只是簽爽的，這樣下去的話我想我跟等死無異，未來也有可能葬送在這裡，為了不讓自己大好的歲月賠在這裡，我與鍾培生展開了第一次的協商。其實一剛開始我們之間的關係也算正常，也沒有什麼勞資糾紛，所以一剛開始我還是相當信任這個人的。

「其實主要是因為你跟我們簽的合約時間太短了啦，」鍾培生說：「所以我們公司也沒辦法安心的投資源在你身上啊。」基於這樣的理由，所以我就跟他簽了十年的合約，為了不要讓自己白白荒廢在其上，所以我相信了這樣的說法。

但簽完之後，其實並沒有什麼改變，不論是在未來規劃上或者是對於我的工作內容上也都沒有什麼轉變，當時 HKE 的規模也不大，我也只能繼續在他們旗下的香港隊伍擔任教練，每天早上十點就出門去上班，過著日復一日的無趣生活，搭著地鐵晃著晃著到辦公室，但當了一陣子教練之後，看著那群選手，我忖度著這支隊伍實力不可能打贏比賽的，而且鍾培生不只養了一支隊伍，加上台灣的戰隊他總共養了三支職業電競戰隊，加上雇了 Dinter 與 Stanley 兩位明星選手和我，他肯定虧大了，在戰隊沒有

成績還慘賠這麼多錢的狀況下，公司不可能這樣讓他一直運轉下去，所以我幫鍾培生想了一個方案，讓他挽回局勢。

我建議他把三隊全部拆掉，然後找其中有價值的併在一隊，去蕪存菁組一支明星隊伍衝擊職業聯賽，不僅可以打出成績，更可能燒更少錢，成效也比較好，不足的部分我也可以幫你找選手補齊，為整個公司帶來更多利益，他當然也有意識到自己的入不敷出，便採用了我的建議，我只花了不到兩三個月的時間就組成了大家所熟知的HKE戰隊，我也順理成章地回到台灣繼續打職業比賽。

但我與 HKE 簽的契約是所謂的教練合約，沒有提及關於選手權益的部分，選手權益包含獎金的分配或者是直播的利益分潤等等的，這些應該都要包含的條款都沒有，所以我向鍾培生提出這樣的要求，但他並沒有回應我，而就這麼一直拖著拖著，賽季也開始了，因為電競職業聯賽是隊伍的事情，我不可能就這樣故意擺著姿態不去打，所以就算這些條款都還沒補上，我也還是得登板比賽，而他就這麼一直拖著。

畢竟就鍾培生的角度而言，他也許會覺得他何必跟我改這些枝微末節的小條款，畢竟就資方的角度而言他沒有必要去做這件事情，我有給你錢、你也已經簽定合約了，我何必跟你改呢？但也就是因為這樣小小的摩擦也讓我心底有些不舒服，因為這些東西不是我去拗你的，也不是說這些不是我應得的東西，這些是選手合約裡面就應該有的合約條款，然後又一直不改給我，卻一直在要求我們做些有的沒的，我們之間的糾紛也越來越多。

舉例而言吧，當時我們必須住宿舍集中管理，那時候他開給我們的預算是六萬，我們戰隊五個人有我、Stanley、Dinter、GoDJJ 和張家維（Awei），找了一個大約五萬多的集合式住宅，聽到金額鍾培生卻又說：「不行這個太貴了，找更便宜一點的！」類似這樣的狀況層出不窮，他總是會在一些小地方去壓制預算，最後我們找到了一個三萬多的租屋處他才答應，但因為租屋處實在太過狹小所以沒有辦法每個人都住在宿舍裡面，Stanley 選擇了通勤上下班，而 Dinter 與女朋友住在一起，那間宿舍就三個人住。

一剛開始 HKE 剛起步也沒有教練，我是球員兼教練，但因為平時選手也需要有人管控和照顧，所以才找了一個《星海爭霸》的選手阿波來擔任管理的職務，但他實在無法給予我們在比賽中的建議或什麼策略的規劃，而我身處於選手與管理層中間，摩擦也越來越多，我也越來越受不了鍾培生。

鍾培生時常跟風而且要求我做一些我認為沒有意義的事情，比如說像當時有個很火紅的為了讓人們更關注肌萎縮性脊髓側索硬化症（ALS，漸凍人症）患者的冰桶挑戰（Ice Bucket Challenge），他不斷的要求我參與這件事，但對我而言，不如直接捐錢來得有實質幫助，類似的小事還有很多，他常常會讓人有種「我付你錢、你就要給我做」的概念，會讓我覺得我是他的財產，應該要聽從他的一切指令，在電競產業這塊專業領域上其實鍾培生是沒有什麼想法的，也不太懂如何去操弄輿論或者是社群風向，但面對這些我是有相當深厚的「資歷」的。

當初我離開 TPA 的時候，PTT 上出現了很多負面的輿論，離開 TPA 這麼多人中我總覺得自己是被黑得最慘的，主要的原因當然是我離開 TPA，再者是 Garena 內部有許多員工，對於當時內部的事情也有所了解，於是他們從反方向、對他們有利的角度去放風聲，更故意誇張事件當時的狀況，比方說把甩門講得相當戲劇化，或者是 Toyz 因為一點點錢而跟管理層大吵大鬧，面對這樣排山倒海的負面評價其實我也沒有什麼特別的感覺，畢竟嘴巴就是長在其他人身上，我也不能操控他們想說什麼，其中最讓我印象深刻的莫過於他們一直酸我手痛，離開 TPA 之後港幣治百病，但如果回去看我那篇退役的文章，大家可以看到我寫的是：「我每天花超過十個小時在練習上，逐漸發現自己手腕出現麻痺的現象，後來問醫生才發現那是腕隧道症候群，我每天還是不由自主的繼續練習。」身為玩家肯定對腕隧道症候群毫不陌生，那是個非常常見的疾病，也不是只有電競職業選手會有，很多坐辦公室的上班族、熬夜寫論文的研究生都會有類似的病徵，跟所謂的手痛到要退役有八百萬里遙遠，但是他們就抓著這些小辮子不斷酸。

自從我離開 TPA 之後，他們不僅是在朋友之間傳風聲，更在實況時談論這些事情，試圖要帶動風向，講說什麼香港有神醫，怎麼手不痛了？怎麼又可以打比賽了？其實現在回想起來雖然不恨那些人，但老實說對他們已經沒有什麼好感，反正 PTT 上就那些人，就讓他們帶風向讓他們酸吧，當時的我只覺得那些人很閒很無聊，好像不把這些瑣事掛在嘴邊說就沒有人生意義，當時 PTT 上

還有一群人在攻擊離開的 Stanley，當時 Stanley 針對這些流言一一澄清，也說感謝那些願意幫他說話跟相信他的人，畢竟離隊這樣的大事不論是陰謀、陽謀，各種流言蜚語都甚囂塵上，但許多的真相都像是我前面所說的，醜陋骯髒而不足為外人道，我也不想再因為這種鳥事而另外開一個戰場，所以也就算了，黑了就黑了吧，也因為這些人的緣故，我開始有了很多莫名其妙的綽號就是從那時候開始的。

說回我與 HKE 的事情吧，我與鍾培生簽了十年的約，簽這個約的前提是因為鍾培生跟我說如果我跟 HKE 只簽兩年，他不可能花資源在我身上，當時我的想法是不然就簽久一點吧，看你能不能多投放一點資源在我身上，而在當時我也為他出了不少點子，試圖製作一些讓他的公司有回本的手段，畢竟這麼一直虧錢下去總有一天是會倒的，HKE 也不是做慈善的，而公司倒了我也走不遠的，所以不斷地找法子。

但就我的觀點、我的出發點而言，HKE 如果沒有在我身上有所規劃我也會漸漸死掉，而按照他的說法就是因為這樣的兩年約太短、讓他無法放心，所以我就相信了，這時回想起來當時的自己真的很低能，居然真的相信了他的話術，傻傻地便簽了這份合約，以至於到現在我對合約這種東西還是很有陰影。

但我還是為他組織了 HKE 這麼一支明星電競隊伍，而鍾培生同時也把自己當成網紅在經營，他非常看重外界對他的看法，執著到令人難以理解。他會透過撒錢來建立這樣的形象，對於自己花錢是沒有手軟的，對於員工他可能就比較摳門一些了，不過這些都只是風雨前的平靜，真正的風暴還沒有來臨。

每況愈下

記得那是2014年的事情，七、八月的時候，我開始與鍾培生建議組織明星隊伍，十月確定隊伍名單，十一月我便又搬回台灣開始參與隊伍集訓，我們得先參加入圍賽，成功取得資格之後我們開始參與春季賽，但是在春季賽中我們隊伍的狀態其實挺差勁的，特別是我，我的狀態不是特別理想所以也沒有很Carry，但是隨著磨合跟默契的培養，整年下來的感覺我們打得越來越好，我甚至覺得我的手感比之前還要好得多。

不過在回來打比賽的這段時間我們隊伍出現了一些問題，在賽季開始前，我們的輔助家維（Awei）他被女刺客刺走了，那位女刺客就是你們知道的那位鼎鼎有名的「小雲寶寶」，他們大約交往一個禮拜之後就跟我說他不想打了，他選擇了退隊，我們也就讓他退隊了。

為了彌補輔助這個空缺，我們找來了Olleh，他是GoDJJ在打韓國伺服器積分對戰的時候遇到的，觀念不錯、人也還算好相處。先是詢問他有沒有興趣打職業聯賽，而當時的他是巴西戰隊paiN Gaming的選手，但隨時可以離開，所以他便選擇直接加入了HKE。

剛開始我對他沒有什麼好感，覺得他可以說是個相當狂妄自大的韓國人，當時他曾表示我們甚至不需要找教練，由他來頂替這個位置即可，因為他在韓國看了很多教練執教，職業經驗也相當豐富，所以該怎麼做都已經了然於心了，那時候我想說既然 Olleh 說他可以，那就讓他來帶，對我來說沒差，讓他嘗試也是可以的，而且隊上的大家面對戰術還是有自己的理解，對於某些策略也還是會進行反覆的思考，如果不行也還是會另外想辦法。

的確 Olleh 在剛開始展現出積極態度，立基於他的職業經歷，Olleh 對遊戲有一定的見解，也熱心於教練事務，起初我們的戰隊是相當不錯的，而且的確也打出了點成績，但戰隊狀況不一定總是順風順水，一旦遇到困難或者急需解決的問題時我發現他會選擇避而不談，試圖忽略狀況甚至試圖甩鍋，不過憑藉著隊友們的齊心努力，我們還是克服了沒有教練的窘境。

那時候教練的工作是我們隊員平均分攤的，但主要復盤討論是我與 Olleh 一同討論的，其實當時我們整年下來相處都蠻好，他對於很多狀況的看法都相當不錯，在戰場上可以說是相當有宰制力，但是打到賽季越後面 Olleh 表現就漸漸不如過往穩定，相處起來狀況也變多，讓我越來越摸不透他想要做什麼。

在那一年，透過直播與相關活動推波助瀾，我們有了許多粉絲，由於選手個人魅力的緣故，有許多觀眾相當喜歡我們，LMS當時還有著ahq、閃電狼、TPA等隊伍，他們的粉絲數量也是不容小覷，但是打到歲末之際，在最受粉絲歡迎的投票中我們卻是遙遙領先的，也能證明當時我籌組明星戰隊這個天馬行空的想法是正確的，也成功幫HKE省下大把鈔票，而這樣的狀況下我會覺得鍾培生該給我的東西應該要給我了吧？沒錯，在這段時間內我還是不斷地與鍾培生聯絡並爭論著我的契約應該加上選手相關的條款，我一直希望他加份副約給我，他也不斷承諾說之後他會弄一份這樣的東西給我，而站在我的角度而

言，我並不是個會因為個人因素而放棄戰隊的選手。

對我來說，在電競賽場中團隊是先於個人的，而且永遠都是最重要的，不論發生什麼事情，都不應該因為自己的狀態而去影響隊伍表現，這是一種職業道德的展現，也是我對於自身的堅持，不論如何，即使面臨腳踏針山、芒刺在背，我都不能有所動搖，因為這是職業選手應該有的風骨，所以即便是這樣的推拉不斷來來回回地進行中，比賽也打得如火如荼，我不曾與其他隊友提起這件事情，因為其他選手都有這樣的保障條款，唯獨我沒有，而我的付出與他們相比也沒有比較少，但我心知肚明跟隊友提也沒有用，因為他們也不會去幫我轉達這樣的事情，而且他們轉達也沒有用，也有可能會害了他們，更擔心會影響他們打比賽的狀況。

但是這樣的不滿只會一直累積，而這樣的累積最終總是會崩潰的。一來我總覺得鍾培生把我當成他的寵物在使喚；再者是選手合約沒有給我基本的尊重，因為我的合約簽定的身分是教練，而教練的獎金分潤自然是不比選手的；最後是直播的收益並沒有給予分潤，我也沒有去動他，他也不打算給我，彷彿不管就不存在似的，但明明這些事情如果有心要處理是可以很快地處理完的——至少讓我跟他達成共識也好。

但最終還是沒有得到一個答覆，我們一直拖最後拿到 LMS 第 3 名，也得到夏季季後賽的資格，雖然決賽被 ahq 直落三擊敗，無緣世界賽第一張門票，在區域資格賽中，我們以 3：2 擊敗 TPA，但在決賽中卻又被閃電狼以 3：2 擊潰，正式無緣世界賽，面對這樣的狀況，我真的受不了了，因為在這一年裡除了要構思隊伍戰術、選角禁用策略還要想顧好自己份內的工作，同時鍾培生總是不願意正視我的合約問題，加上隊伍沒辦法進軍世界賽，所以當時我瞬間不知道自己到底在幹嘛，我付出了這麼多，也幫 HKE 打了這麼多名氣回來、明星隊伍也獲得了空前的成功，而當時手感正好的我打輸已經夠難過了，但我卻連最基本的權益都沒有。

悲慘的戰敗之後（因為我覺得那場區域資格賽我們是能贏的，當時的我們手感正燙），大約經歷了一個禮拜的沉澱，我就跟公司攤牌表示我待不下去了，也想離開了，我跟鍾培生說我真的打不下去了，待在 HKE 也沒意思，因為 HKE 連最基本的東西都不願意給我，直播分潤條款也不訂定，我記得當時身邊的職業選手開直播甚至不用給公司抽成，YouTube 影片九成自收、一成給公司即可，所以當時的我常常想著：我到底做錯什麼？鍾培生不願意給我這個條款？這也不能怪我萌生不想打的念頭，當時我知道自己不能跑去跟其他隊友抱怨，但畢竟不給予我與其他選手一樣的條款對於隊伍也是不健康的，對公司而言也是不正常的，而且也漸漸耗損了我對公司賣命的動力，當然也不是說要把錢給我才願意做事，但工作缺乏明確的目標真的讓人無法恭維。

面對這樣的狀況，鍾培生表示先不要急，等我回香港坐下來跟他好好談一談。於是我就回去跟他坐下來好好聊一聊，當時也不是我們一對一談話，他帶了好幾個公司高層一同赴約，一起討論這個狀況應該要怎麼解決，但他們也不是真的來解決問題的，因為HKE旗下的員工有百分之九十九都會抱著不能得罪鍾培生的心態說話，他們不想也不敢得罪老闆，他們不會去站在鍾培生的對立面幫著其他人說話，所以他們的立場很一致，鍾培生不願意給，所以他們也不贊成。他不給但我還是要，第一次談判自然是失敗告終。

我在第一次談判時立場就站得很強硬，因為我覺得不給我應得的東西其實對合作來說是相當不健康的，而鍾培生的立場則是認為我們之間本來就有簽約，如果更動部分條款會影響未來的合作，但是在那場會議中，鍾培生其實沒有說幾句話，因為他擔心自己說錯話，因此都是他底下的人在談，但我還是堅持如果這些東西不給我的話，我是會想直接離開的。

「那要不然這個樣子，」其中一個員工說話了：「你給我一點時間，我想一個未來的規劃，然後我們再來進行協調，你和HKE再繼續一起走下去，好嗎？」

不到一個月、大概三個禮拜之後，這個「規劃」橫空出世了，我看完之後發現那份所謂的未來規劃根本不值一哂，內容表示公司會讓我繼續進行直播、網路節目還有一些綜藝通告，然後分潤的部分我只拿兩成左右，比起其他隊員的福利，我感覺自己簡直被壓榨得要出汁了，這怎麼說得過去啊？這到底是什麼跟什麼啊？所以當時我瞬間暴怒，也沒辦法控制自己的情緒，我知道如果繼續待在這裡也只是被這家公司浪費人生、被繼續無限壓榨而已。

看完那份所謂的「Toyz 未來規劃企畫書」，當時我覺得內容真是毫無誠意可言。我真的受不了了，因為從談判過程我已經知道我們之間沒有什麼解決方案了，所以我決定要用盡一切手段逃離這家公司，我那時候可以說是有點上頭了，當時覺得如果不離開，基於那個十年契約，我是必須要接受這樣的條款的，因此不論有多麼艱辛、困難，我也要離開這家不合理的公司，也因此有了很多衝動的行為，比方說大家知道的藏頭詩事件，我記得那時候是十月，我在臉書發布貼文表示要離開 HKE，然後暗示鍾培生要我在對上 Midnight Sun 的那場打假賽什麼的，不過其實那場抓放戰我們早就有了共識，那其實根本只是個勉強可以拿來用的一個理由，而這件事情肯定是我不對。

那時候我的粉絲專頁也被 HKE 的後勤控制，我也沒辦法自己操作，所以我才出此下策，試圖把這件事情講出來小題大作，最後構成一個離開的理由，進而帶動網路輿論風向之類的，一剛開始他們也沒發現有什麼問題，因為我寫得比較長，那時候我請朋友去PTT上面發文，還請他在那邊對說這樣直行排版看不看得出來什麼的，雖然事後很快的意識到是錯誤的行為，但是在當時我的個性、處世、態度跟心理狀態都讓我覺得這樣做是正確而且大快人心的，現在回想真的挺低能的，因為當時的我還是覺得自己是個說什麼就該有什麼，很少去考慮別人該怎麼想，只要我能達到什麼我想要的目的，我就會去做，不論是什麼。

或許是因為這樣的個性，我才會在人生的路上走得這麼跌跌撞撞的，但也是因為這樣的個性，我願意去挑戰或者是直面更多不合理的事情，我從來不覺得爭取自己應得的東西是種錯誤，即便是現在，我依舊不會後悔我做了這樣的選擇，因為那是正確的，而我並沒有錯、頂多說只是手段不好，這也是我到現在一直都還在學習的，我期待自己成為一個更圓融的人，但那時候的我還年輕，我只想在追求夢想的路上放手一搏，爭取屬於我的一切。

後會無期

其實發那篇藏頭詩是有原因的，因為在談判的過程之中我已經找不到任何應該留在這家公司的原因了，那篇所謂的未來規劃對我而言根本是不合理的對待。其中有某高層經理，不斷地維護鍾培生，當他跑來找我談這件事情，我跟他說這個規劃根本是垃圾，我也不可能會答應，所以還是早點看破跟我談解約，如果未來沒辦法改出一個雙方都滿意的合約的話，看看能不能至少能夠和平分開，而他也點頭答應表示沒問題。

「不然的話，我也會有所行動的，」那時候的我甚至這麼威脅了他：「畢竟我手上也是有些黑料的。」

而後來看看他當時的點頭稱是不過也只是想息事寧人而已，他說要回去再想想看該怎麼幫我安排規劃，但後來他們又再給了一份莫名其妙的企畫書給我，希望我能依照著企畫內容走，至於離隊什麼的要求是不可能的了⋯聽完後，我認為事情還是沒有解決，於是繼續等待著他們新的規劃或者是離隊的協議，而最終其實我們便開始正視現實，開始談離隊協議，我也承諾未來將會免費出席每一次 HKE 所舉辦的活動等等條件，但前提是讓我離開這裡。

一剛開始我們雙方都同意這個方向，所以我便在台灣的宿舍乖乖地等，等了快一個多月，我記得那天是2015年10月13號，那天HKE的台灣負責人小米突然打電話給我說要我去公司開一下會，那我當然不疑有他就立刻赴約了，到了公司之後，小米便對我說：「你在香港有個刑事案件，所以要你配合調查，你得回去一趟老家。」

當下我有點傻了，有點消化不了眼前的狀況，刑事案件？我怎麼會跟什麼犯罪扯上關係：「什麼刑事案件你可以講清楚一點嗎？」

「他們說你偷了公司的財產。」

我當下一聽瞬間也不知道他到底在說什麼，但即使不清楚實際上我到底犯了什麼罪，但我也漸漸明白發生什麼事情了——他們開始弄我了。但我也只能連連稱是，答應隔天立刻去香港。

等到我回到宿舍之後，我發現他們把我的電腦給搬走了，他們說那個是證據、是公司的財產，但我當然也不是省油的燈，我立刻報警說公司把我的個人財產給搬走了，因為這台電腦不完全是公司的所有物，有很多東西是我自己組裝上去的，所以我毫不猶豫就報警了，我既然都知道公司在弄我了，那我不回敬一下可以嗎？

這時候我又能說起另外一件事了，那時候 Dinter 正好在開直播，然後我報警了，警察也來了，但是他仍然不動如山繼續在做著直播，對於我的電腦被搬走、有警察來了、跟公司的糾紛完全不關心，只是樂呵呵地繼續著他的直播，當然我也不是說很需要他的關心或者需要他的援助，但我只是覺得作為一個扶持他很多次的前輩，在他曾經打得很爛、差點被換下去的時候，是我幫他撐腰的，而曾經救了他這麼多次，我並沒有要求回報，也沒有想要他給我什麼，在那個時候的我只是需要一句簡單的關心，甚至只是一句「你還好嗎？」都可以，但是他眼睛完全沒移開螢幕。

從 TPA 到 HKE，我一直都以著帶新人的心態在幫助他，我覺得他很有天份，也是個值得栽培的選手，不論其他人怎麼說，我都還是這麼相信著的，所以也格外感慨。記得有段時間我們的狀態很差，連帶著成績也跌落谷底，加上 Olleh 天天上演甩鍋戲碼，所以這時候韓國教練 Kingdom 來了，他是很典型的韓國人，在韓國人的觀念之中，年紀輩分是很重要的，年紀小的要聽年紀大的，所以年紀小的我們必須要聽他的，基本上也不太聽我們的意見，在禁用選角策略上雖然我多少有些建議，但他會完全在會議上否決我的提議，甚至抨擊這樣的策略，但最後還是會用的我的作法，不過他完全不願意承認，所以在整個賽季其實我還是主導了許多事情，而教練所做的就比較接近管理層面的庶務。

然後有一戰我們要面對來勢洶洶的 ahq，那時候的 Dinter 表現得實在是太差，所以我們找了一個完全不會英文的韓籍打野，基本上在賽場上是完全不能溝通的，但是那個版本中打野是相當重要的，上下路也常常會互換打逆 EU 流，如果打野不與隊友溝通的話等於是自殺，加上 ahq 又不是什麼可以小看的對手，所以派他上場一定會輸，為了隊伍的勝利，也希望 Dinter 能夠重新振作起來，所以我和 Kingdom 溝通了近一個禮拜，但他還是不願意採信，也不願意給 Dinter 一個機會，最後還是派了韓籍打野上場，不出所料我們被 ahq 直接狠狠打爆了，換線速度太慢、打野在逛街、整場打得跟白癡一樣，然後隊友之間也沒辦法溝通，回去檢討我就跟教練說問題出在打野，但 Kingdom 甩鍋到磨合上，表示因為個人失誤太多才會輸掉比賽，試圖用這樣的理由來搪塞我們，但面對這樣的狀況我是不開心的。

「我是不是說用這個打野必輸？你看真的輸了嘛，你沒有解決問題的意願啊！」

「你給我閉嘴！」Kingdom 生氣地개새끼（狗崽子）、돌아이（瘋子）亂罵一通，但那次爭吵之後，我們雙方便各退一步，Dinter 也終於回到隊上繼續擔任打野，而主要的原因是因為我長時間的力挺 Dinter，讓他留在了這個位置上，當時春季賽結束之後，大家都回去過新年了，鍾培生也耳聞了這次的爭執，也大概知道了 Dinter 的實力還不夠

堅強，他打電話過來問我說 Dinter 這個人到底要不要留，那時候的我沒有半分猶豫就表示要留，因為我真心認為他其實是個還不錯的選手，對遊戲也有相當程度的理解，更重要的是我相信他的實力，也相信著他能夠繼續進步。

「其實有些人說要留，有些人說不要，正好一半一半，」鍾培生嘆了口氣：「決定權在你。」

「要留。」我說。

過年回來之後，Kingdom 其實對這件事情是懷恨在心的，但其實我的出發點一直都是團隊，還有對於遊戲獨到的見解，所以那時候我一直很受不了這個教練，我也根本不在意他到底幾歲，但自從那次的爭執之後，他就一直認為我很不尊重他，但在我的角度上看來我只是實事求是，在電競賽場上重要的向來不是私人恩怨，重要的是如何帶領隊伍邁向勝利，但和這位韓教頭起衝突的也不僅僅只有我一個人，當初隊伍在投票說是否要把他留下來之際，我甚至是投要留他下來的人，因為對團隊來說，他的存在是必要的，他處理了很多我們隊員無法顧及之事，但他表示如果我還在這家公司的話，有我就沒有他，於是最終他就離開了，然後我又背了罵走韓籍教練、帶領隊伍內鬥、製作隊友心結

的黑鍋，現在想來是有點委屈，但也無可奈何。

說回10月13日那天，我無助報警的那天，我看著依舊穩穩開著直播的Dinter，我想著這麼多年來從TPA到HKE，我一路這麼認真的幫著他，如今他卻無動於衷，想著Dinter直播的人數也是我幫忙他一起拉起來的，而他在我受難之際仍然專心著自己的事情，連句簡單的問候都沒有，我心裡很受傷這位兄弟似乎忽略了是誰一直在電競這條路上拉拔著他，不過我想這或許就是每個人在乎的點不同，或許對當時的他而言這只是一段再往常不過的情誼。

報警並打包著行李那天，唯一有來過問我的只有 Stanley，警察的確來了，但也不能解決什麼，所以最後我也只能行李收一收就走了，14 號那天我離開宿舍，Dinter 也問都沒有問過我，他可能太專心於直播事業了，所以我心底真的有點不平衡，怎麼可以就這樣不聞不問呢？一句簡單的問候就好了，連這點都做不到嗎？等到我去了香港好幾天才有聯繫，而因為這件事情我也看清了很多事情，我想這也是好的，但沒想到他之後還在事後的直播上說他有約我要吃飯、要好好談這件事情，是我沒有去赴約，不顧兄弟情就直接飛回香港了之類的不實的謠言，甚至還說自己哭了，覺得這份緣分很可惜之類的，但依我的認知，從來就沒有這個飯局，沒有這個約定，而這也是一直以來我相當不舒服的點，因為我覺得我出事了你不一定要幫我，但也不應該這樣消費我，實在是令我相當心寒，所以在這段時間不僅我與 HKE 的糾紛還沒解決，Dinter 又是這樣的態度，讓當時的我相當不開心。

飛回香港之後，為了不讓我得知內部的消息，公司指派我去一個辦公室，那是 HKE 從關係企業那邊租了一個小小的位置，要求我天天去那邊上班報到，我又再次被戰隊「隔離」了。至於工作內容是什麼也沒有指派給我，要我履行合約內容，每天上班固定小時數，有的時候公司會安排一些很奇葩的任務給我，要我繳交關於《英雄聯盟》比賽的報告數據，但那也不是什麼你們知道的擊殺數、團戰分數、隊伍數據分析什麼的，而是要我拿一把直尺去量電腦螢幕上的X、Y軸，看看該角色如果走了五秒會從哪裡走到哪裡之類相當荒謬且沒有意義的數據統計，當天下午兩三點，一個刑警走上樓。

「劉偉健在不在？」他問。

「我在。」我答道。

然後我便被帶到了中環的某個警局了，我坐在警車上看著街道上的風景，其實待會發生什麼事情，我也知道了七七八八了，雖然心中有譜，但也還是想知道我即將遭遇的事情。

「所以我究竟是犯了什麼罪呢？」

「等你到了就知道啦！」警官一派輕鬆地說。

等到了警局我才知道原來是我在台灣工作的時候，公司指派給我的經紀人因為沒搞清楚狀況，在直播的時候置入了某個公司的LOGO，我也沒多問就讓他直接上了，然後投放那個 LOGO 其實是有廣告費的，而那筆金額一直沒有匯進公司，所以 HKE 就主觀認為我在沒有經過公司的同意下就置入了這個 LOGO，而這個 LOGO 好死不死又與博弈有關，也因此害公司被 Riot Games 警告，但他們不知道這個 LOGO 其實是經紀人幫我接下的，所以一直認為是我私下接了這個案子，然後錢也沒有給他們，便一口咬定我拿走了那筆錢、偷了公司的財產，但那筆錢的確也沒有進到公司，簡單來說整個狀況便是經紀人與公司溝通不良，加上鍾培生相當信賴這位經紀人，而爆發這件事情之後，鍾培生也解僱了那位經紀人，然後這件事情也沒有下文，然後最終也在 PayPal 中神奇地出現了，而我也毫不遲疑地直接轉給了公司。

結束那次備案之後，我加深了不能坐以待斃的決心，我一定得解決這件事情，我每天坐四十分鐘的地鐵再走十五分鐘的路程才能到那個鍾培生指定的、那個位於東環的上班地點，打卡後便坐在那個小小的辦公室裡無所事事，每天就在那裡看著 Gordon Ramsay 的節目還有一些動漫，偶爾也打打《爐石戰記》消磨時間，一直在做自己的事情，後來我透過一個朋友，請他去幫我談這件事情，而透過幾次來回之後，他從鍾培生口中問到一個數字：兩百萬港幣——我是香港人、鍾培生是香港人、我朋友是香港人，沒道理他說的是美金嘛，所以只要兩百萬港幣我就能夠從這個魔窟裡面抽身。

得知金額之後，我就開始四處奔波籌錢，找一些朋友看看對於籌組《英雄聯盟》戰隊有沒有興趣，或者是對電競產業有興趣的，後來我找到了一間台灣的公司，位於台中的鼎岳集團，他們說願意擔任投資者成立職業電競戰隊，也願意出這筆違約金，而我透過那位朋友跟鍾培生說我籌到兩百萬港幣了，這時候鍾培生翻臉不認人，表示他從來沒說過這個數字：「我從來沒說是兩百萬港幣，我是說兩百萬人民幣。」但其實兩百萬港幣跟人民幣根本沒差到多少，所以我就跟投資者說這件事情，他也說這也沒差多少就直接給了。

知道了這個投資者的存在之後，鍾培生也不斷地刁難對方，好奇他到底是什麼來頭、會不會變成他的競爭對手，所以他也不斷地糾纏著不願意放手，這件事情纏了至少六個月，一路從十一月搞到隔年四月中，期間信來信往搞得我們兩邊都很累，而就在我籌到兩百萬之際，鍾培生卻又不願意解約，此時也讓我了解他並不是真的想要那兩百萬港幣（或人民幣），而似乎只是希望我過得不痛快而已，所以知道這件事情之後，我有點上頭了，便直接拍拍屁股走人，完全不理會鍾培生的威脅。

我的人生總是起起伏伏，現在回顧起來某種程度實在相當「精采」，不過我不論遇上什麼事情都不會放棄希望，我不只是想要跟別人證明我有些什麼，而是努力拚搏直到取得成績，面對命運，強者和弱者的差別就在於誰有勇氣去改變它，走得慢無所謂、跌跌撞撞也不打緊，錯誤會教訓我，但也使我益發聰明了起來，挫折難免，重要的是學到了什麼，以及我是否走在成功的道路上，「山重水複疑無路，柳暗花明又一村。」我想這就是我人生最佳的註腳吧。

後來的我直接跑去鼎岳集團成立Raise Gaming，Raise是撲克牌術語，意指著比對手多下賭注，透過提高賭注來增加讓盈的籌碼更多，表示希望在比賽較勁的情況下，隊伍能玩得比對方更好，帶著這樣的期許，我再度離開香港。

AAPE

PART 04

繼續尋夢——過去終會過去，經驗會讓你變得更強

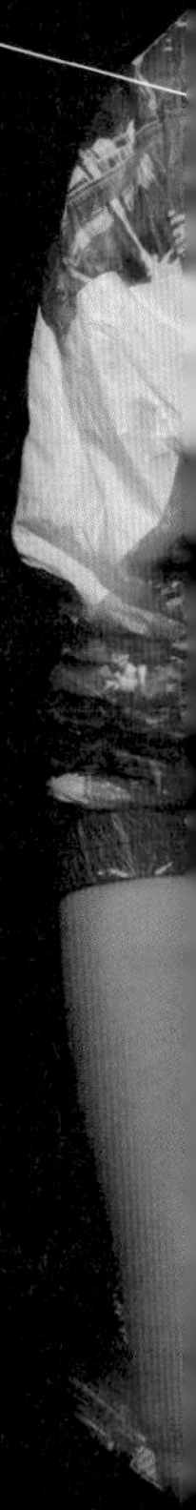

柳暗花明

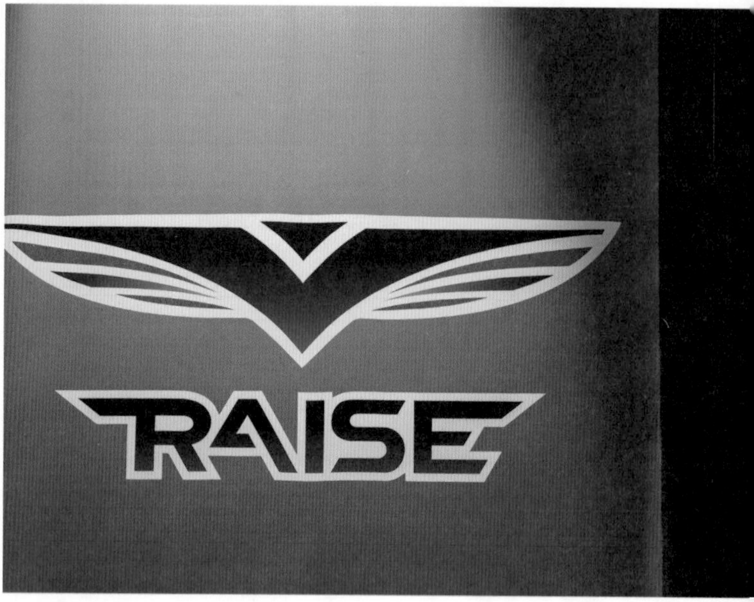

越是糾纏就越是絕望，越是絕望就越是糾纏，絕望對我來說已經是老相識了，我曾經對其他人失望甚至絕望過，但我從來沒有對自己失去信心，我一直相信著自己能夠重新再次站起來，畢竟習慣絕望比絕望這個處境還要來得更差勁，我鮮少與人談及此事，原因便在於把這樣的傷口血淋淋的攤在別人眼前不過也就只是博取同情而已，要重新振作東山再起，最終靠的還是自己，我想真正的絕望就是完全放棄自己，而我還沒打算這麼做，在這樣每天幾乎看不到曙光的時刻，恰好有那麼一家公司出現了，沒有早一步也沒有晚一步，在那個時刻的我也沒有別的選擇，我選擇加入了鼎岳集團並成立 Raise Gaming。

那時候的他們跟我說很能理解我的狀況，也能為我付違約金，而在當時我們確定違約金並不會超出預期，他們覺得我是個積極正向的年輕人，只是因為年紀較輕，因此有很多事情在處理上比較沒有經驗，導致犯了一些錯誤，而他們也不吝於幫我一把，因為我的確迫切需要幫助，但因為官司纏身我沒有辦法在那個戰隊內擁有個正當的職銜，所以那時候我不輕不重的掛了個「精神領袖」，起碼表示我跟這個隊伍有點關係。

當時我幫鼎岳集團規畫了個大藍圖，試圖創立一個嶄新的電競品牌「Raise Gaming」，首先分作實況部門及賽事部門兩個部門，我找來 Stanley 一起來扶助實況部門，然後構建一組電競戰隊打 ECS 聯賽，因緣際會下，我接手了 J Team 二隊，再找了一些新人像是 PK 等人進來進行補強，隊伍成績也還不錯，後來我們一路殺進了 LMS 職業聯賽，但是公司整體是處於赤字狀態的，畢竟興辦電競戰隊一定得賠，所以如果要維持下去一定得另闢財路，所以我才找上老隊友 Stanley 開始合作。

對於我跟鍾培生之間的爭執他只是略知一二，大部分的時候都很模糊，我跟他說我們之間已經快要結束了，只是信來信往得敲定一些細節而已，要他不要擔心，但是搬去美國跟家人住的他畢竟已經離開電競圈一段時間了，我慫恿他說：「你要不要開始跟我做直播，要不然你就要在這個圈子裡消失囉。」他也是很有義氣，馬上回來幫我。

這件事情啟動之後，鍾培生不可能不知道，所以也大為光火，畢竟當時訴訟其實仍然在持續當中，這樣的行為無疑是不給他面子，但是我當時也沒有心思繼續搭理他，只覺得如果他要繼續困在那一紙契約而不願意面對現實、不願意將腳步繼續往前的話，我實在也管不著了，我必須往前，不能將自己的未來賠在他的身上。為了新東家，我開始直播並接商案，這段時間的錢都先暫時匯進公司，彌補財政的缺口，因為就我的角度來說，飲水思源，他們在我最危急的時刻幫助了我，我也不可能讓伸手救援的這家公司坐以待斃，如果能幫上忙的我都盡量協助，為的便是要報答這份恩情。

起初，Stanley 不假思索便答應下來了，我們便開始了直播，直播人數也相當可觀，在接商案的時候我的態度也相當積極，甚至常常跟廠商說如果把 Stanley 一起簽下可以打折之類的，試圖打出聲量，也讓我們倆的名聲漸漸有所提升，但因為是透過我的關係，所以不論是我還是 Stanley 的錢都卡在公司裡，對此他有些不開心，有時也會質疑契約上我與他的拆成不平衡，有時我甚至覺得有些委屈，畢竟當時大部分的商案都是我找的，所以我們之間難免吵吵鬧鬧，有了不少摩擦，但易地而處也能體會他為什麼會有這樣的想法，所以我也會盡可能地安撫他。

不過有一次我們吵了一場嚴重的架，主因是我在他直播的時候有時候會刻意在他身邊做些效果，他覺得說這樣是在利用他並不是在幫助他，而是透過這樣的方式在幫助我，但其實我是想要利用我的人氣讓他的直播有所拉抬而非單純的消費，但朋友一旦牽涉到利益關係之後，就會漸漸走味，所以我們依舊有所拉扯，他甚至會跟我吵分成的事情，還搬出其他戰隊拆成比較有利等等，但其實其他戰隊也是把廠商報價砍半再去談分成，所以其實大同小異，但是他表達出這樣的心態無形也對我造成傷害。不過，最終我們還是跟彼此妥協，但雪上加霜的事情還在後頭。

我們倆接工商的錢全部都卡在公司裡，我們誰都拿不回來，Stanley 累積的金額也

已經超過兩百萬，我也沒辦法跟他交代，同時間蠟燭兩頭燒，Raise Gaming 打得風生水起，但隊伍上難免有些問題，像是打野選手 Laba 的表現並不理想，而且在訓練當中他也沒打出他應有的表現。

而我也找他去吃了好幾次麵，眼前的他跟當年的我幾乎同歲，難免會有點年輕氣盛，不只是遊戲表現問題而已，他與教練、LilV 都有些摩擦，我拿我自己的經驗跟他談，至於 LilV 其實也是個不小的問題，如果我能找到人替代他，自然可以為所欲為，但在那個時間我找不到人，所以只能讓他繼續待在隊伍裡，教練也管不動他，成為了一個解決不了的問題。

到了隔年的二、三月左右，投資者那邊錢開始出現問題，高層跟我說這個月的薪水發不出來了，我問他們說什麼時候會補發，他們說下個月，然後隔一個月又一個月，每個月都說下個月會發，但是都毫無動靜，我雖然不斷地試圖拓展財源來彌補這個缺口，但是我到了六月左右就已經把我的錢全部都燒光了，因為我必須支付薪水給選手，同時我這年來接的商案的錢卻從沒拿到過，到了六月我真的窮途末路了，所以我開始追查那些我接洽商案的錢到底在哪裡，查著查著發現我的公司已經把所有錢都領走了，但也沒跟我說一聲，而他們領走的時間點是最近這段時間，也就是已經做好一些準備，可能隨時都得捲舖蓋跑走。

到了七月，經歷了這段時間的調查，我也不是小朋友了，我看清了這家公司很有可能不會持續經營下去，但所有必要的開支都得繼續進行下去，比如說我的房租已經付不出來了，但好在房東是熟識，所以他也不跟我計較這幾個月的房租，比較嚴重的便是選手的薪水付不出來，所以我開始跟周邊的人借錢，拿到錢之後第一個便是給LilV，不過因為最終還是拖了幾天，而他便因為這個原因不再配合隊伍的練習，當然這件事情也有我做不好的地方，因為我沒有準時發薪水給他們，但同時也讓我對這位選手深惡痛絕，對他來說團隊努力似乎跟浮雲一樣，他完全無視追逐榮耀的本身，以及對職業選手這個身分的尊重，對他來說他的情緒似乎才是最重要的，只想著沒有準時拿到薪水，卻沒想到隊伍很有可能因為他這個任性的動作而讓整季的努力化為烏有。

不過其實早在他與Laba之間的爭端就略顯端倪，LilV的存在會讓整個隊伍改變打法，他會認為隊伍只要圍繞著他打就能贏，需要人家來幫忙，需要人家來伏擊，Laba卻有他自己的想法，身為打野他會想在前期做一些別的事情，但LilV執意要他來幫下路，所以兩人就開始有了摩擦。

「我不是叫你幫下嗎？」

「我也有別的事情要做好嗎？」

這樣的衝突屢見不鮮，教練對於這樣的狀況也束手無策，因為Laba的提議是好的，但是他的能力有限，很難在前期帶出風向，LilV也的確能在後期打出傷害，不過如果繼續這樣的戰術會讓其他路選手過得很痛苦，對整支隊伍都很不健康，但是眼下這是最好知道問題在哪，一旦說出來，團隊氣氛一定會受到影響，讓自己陷入戰場的泥淖不是明智之舉。

但是面對發不出薪水、選手不願配合這樣的狀況，我還是挺心痛的，我不是沒有盡力把錢生出來，雖然有一部分是因為我追查不力而造成這樣的光景，但我還是盡全力去維持這件事情，換來的結果是，LilV 因為晚領薪水而影響了隊伍的形象及表現，這真的是太自私也太令我痛心了，也讓我對這支隊伍喪失信心，甚至萌生不想再找錢去維持這個戰隊的念頭。

但是在 2017 年那段時間，自出社會後再也沒跟媽媽拿錢的我伸手跟媽媽借了二十萬港幣，當時的女朋友也借了我五萬港幣，就連 Dinter 都借了三十萬台幣給我，那段時間我到處借錢，解決了最後一兩個月的薪水，隊上選手的合約多半只簽到十一月，而那個時候我也鼓勵選手們去自由接觸新戰隊、期待他們找到新東家，我也選擇放棄經營這樣的隊伍，說實在我真的扛不下去了，面對再一次沉痛的打擊，我真的累了，徹頭徹尾的累了。

投身英皇

就在這樣的狀況下，我接到了香港電競音樂節的邀請，就在活動彩排時我遇到了英皇集團的人，那時候有位員工叫做小B，我與他有幾面之緣，當時的他在CGA工作，我也很常出席活動與他聊天過，他知道我是誰而且主動攀談，表示集團有心想要做電競，於是便問了我的現況，當時的我其實已經絕望到了盡頭，散盡財產而且一無所獲，面對巨額的違約金我真的不知道下一步要怎麼走，於是我向他說了大概六成的事態，知道我的狀況之後，英皇集團的電競部門顧問表示他曾經組過一支女子電競戰隊也是賣給了英皇，而英皇也有想籌組戰隊的心意，想知道未來有什麼合作的空間，更全盤分析狀況跟我討論，而後更找來老闆楊政龍親自與我洽談，這些會談都在短短一個禮拜內完成並達成共識並表示有機會繼續合作，但我明白要進行到下一步是還需要很多手續跟過程的，所以我也就不急著去考慮，但我知道成事的機率很高。

但英皇集團的手腳很快，他們協議要我把LMS資格轉賣給他們，他們會付我一筆錢順便解決鍾培生，這樣的狀況也讓我再度撥雲見日，看到了嶄新的曙光，因為在那個當下我知道鼎岳集團不論是我工商的錢或者是代墊的選手薪水什麼的肯定都是拿不回來了，所以我先將LMS資格掛到了我的隊伍經理阿桃，她從我被冷凍的時候就一直跟著我，而至今她也是隊伍的領隊，保有一切該有的權益，而公司高層也處於半跑路的狀況，根本也無暇顧及所謂的LMS資格什麼的，雖然沒有照顧到選手的部分，而在季後賽失利之後他們也各自返家休假，至於隊伍資格的方面經過協調之後，我們也成功取得了隊伍資格，但這一年我是做白工的，我虧了一千多萬接近兩千萬台幣，也沒有解決我與鍾培生纏訟之事。

談及鍾培生，這件事情真的在我人生當中維持了好長一段時間，鍾培生跟他的律師其實已經達成共識，畢竟這件事情再繼續拖下去，對他自己也沒好處，同時也沒辦法和他想像一樣的限制我，就在我為了戰隊忙得焦頭爛額之際，我與他的律師繼續協商，他們開了兩百五十萬港幣的和解方案，聽到這個數字的我那時候有點慌張，第一點我身邊都沒錢，第二點是我還要付律師費，所以聽到確切數字之後，我開始跟對方拗，看能不能少一點，我開了一百八十萬，這個數字如果還記得的話，這是當初我朋友從他口中套出的數字兩百萬再低一點的數字，有點像是在賭那個防線的意味在，算是我的意氣用事吧，但是對方踩得很硬，表示就是這個價錢不能在更低，就這麼信來信往的狀況下，我拗到最後取得了兩百一十萬這個結果，一百八十萬的和解費用及三十萬的律師費，但是那時候正巧是七、八月，我接近破產的時刻，我肯定是沒有錢可以繳的，所以我也請我的律師繼續拖著他們，看看我能不能解決這件事情，好險最後我與英皇集團搭上線，他們成功解救了我的窘境，他買下了我手上的LMS隊伍資格以及換到了我的加盟，林林總總賣了兩百萬萬港幣，成功讓我解決鍾培生的事情。

Raise Gaming 也需要很大的一番整頓，雖然我們在 LMS 職業聯賽中表現相當亮眼，整年打下來的氣勢也很不錯，但中間難免會出現一些問題，最主要的問題自然是 LilV，教練壓不住他，而因為教練威信全失也讓其他選手難以服從，也導致很多事情的主導權都落到了 LilV 身上，這樣的狀況對於電競戰隊來說並不是好事，我也曾經跟他談過，語重心長地跟他說希望他能夠遷就隊伍，我也跟他說我以前的狀況，跟他說我以前也是這樣難相處的人，我也算是過來人種種，但他聽完也就算了，狀況也一直沒有改進。

對於這樣老前輩的勸導，LilV 卻是有點不屑的，對我都是這樣了，更別提教練了，這樣的狀況對我來說也是挺頭痛的，因為當時他在隊伍中實力的確是最好的，所以他自然也覺得自己沒有必要被碎碎念，甚至覺得說不如把這些說教的時間放到別人身上去，讓其他隊友變得更好才是重點，而在準備季後賽的當時，他還是準時上下班，投入程度並不高，就在其他隊友花更多時間在練習上的時候，他卻一副沒事人的樣子，也讓隊友心態有點炸裂，但沒有人管得動他，也多多少少有點摩擦。所以總結來看，這支隊伍的教練是不能留了，因為他壓不住選手跟隊伍管理上也並不是特別理想，但在我做出這個決定之前，他就跑去 AHQ 了。

而就在這個時間點上，Stanley 開始催我，因為不只是我，他所承接商案的錢也遲遲沒有進帳，但這些錢早就被鼎岳集團捲走了，連個子兒都沒瞧見過，那時候的他甚至跟我說了一句話，讓我印象相當深刻，他說：

「我媽說就當買個教訓吧。」

此話一出我便明白他的意思，Stanley 覺得我坑了他的錢，不過因為發生了那些事情我自己的心態也是有點炸裂的，所以也惱羞的回了他：「你要搞清楚！我不是不願意給你錢！只要我活著的一天就會把錢給你！」

所以當我進入英皇集團之後，我又重新開始攢錢，我拿到的薪水馬上拆給他，但這件事情當時鬧得我們倆不是很愉快，但事後想想，Stanley 其實是個很重感情的人，也很信任他的家人，從以前到現在，他最為信賴的便是他的母親與兄長，所以他會講出這樣的話也不意外，而發生這些事情覺得我在坑他也不意外，只是就我的角度上來看多多少少還是有點受傷的，加上那一整年我的錢也是完全被吃走的狀態。

後來，我也漸漸不跟朋友有金錢上的來往，因為最後一定都會有問題，而且鬧得很不愉快，最為受傷的往往也是當事人，我們當初的確大吵了一架，也深深傷害了彼此之間的信任，但畢竟我們朋友都不多，所以還是維持著關係，我們都是大人了，都會選擇性遺忘一些讓人覺得難堪的事情，人與人相處就像是枝蔓纏繞，每次要扯開就一定會傷及皮肉，就算傷口結痂了、癒合了，疤痕還是在那裡，那就是大家所謂的心結，但我們都長大了，在我們相處的時候，都會當作這件事情沒發生過，而我也的確把錢都還清了，也能明白他的立場，而他也了解我的處境，但我知道這件事深深傷害了我們的友誼。

不過另一方面卻相當順利，Raise Gaming 經營權全數成功轉移給英皇娛樂集團旗下的英皇電競動力有限公司，針對隊伍我也進行了一番調整，除了前面提到的教練走人以外，我也先跟選手們談了一下，表示說我們會換到香港的某家相當大的企業，也不用擔心會出現類似的狀況，LilV 也在那個時候離開效力 J Team，為了要補上空缺的位置，那時候時間點已經晚了些，所以透過朋友我找了韓援選手：Candy 跟 Stitch，雖然相對比較弱一點，但是還是能夠成功彌補，打野的部分我找到了選手兼翻譯的 Empt2y，但因為他表現不是特別穩定，所以我再從 RNG 二隊買了個 Baybay，算是替戰隊補齊了狀況。

G-Rex 正式成形了，PK 一如以往的相當淡定，對什麼事情都抱持著無所謂的態度，平時也沒什麼主見，相當隨和，Empt2y 則是相當熱情的人，有時會說他很有夢想也希望能 Carry 隊友，但是有時候他的惰性會不小心顯露出來，他喜歡把時間花在不應該浪費的地方，而 Candy 也是個與世無爭的人，什麼事情都懶得吵，比賽的時候也沒有什麼太多的想法，一般來說身為比賽輸出位通常在遊戲中都會有些想法，但他就不太愛講話，就只是默默地把自己的事情做好，是個相當好相處的韓國人，但平時很樂於跟隊友分享一些瑣碎的小事，也喜歡跟我們聊天。

至於 Koala 他是個非常固執的人、超級固執，在我還在當教練的時候，大部分的選手都會認為我說的是對的，也不太會去反駁我的論點，但他可以因為某些戰術癥結點的問題跟我吵上一個小時，我記得那時候我們是針對遊戲中某波兵線該不該推過去而展開爭論，我們有了不同的想法，我已經成功說服在場所有選手，但是 Koala 還是堅持他的那套想法，其實講著講著，我想他搞不好已經意識到我是對的，但還是會為了面子而爭吵，這樣的狀況也導致他跟 Stitch 有些摩擦，Stitch 也是個很有想法的人，他剛來的時候其實很正常，也是個算是好相處的選手，但不知道為什麼到了夏季賽他漸漸開始會跟隊伍吵架、擺臭臉，隊友之間相處的問題也在夏季賽漸漸暴露出來。

最後是 Baybay，他是個屁話很多的人，想法也不少，但他的想法很多都是錯的，也是個比較自由奔放的選手，想做什麼就做什麼，因此他也很常跟 Stitch 吵架，因為他動不動就跑去下路送頭。然後還有 Wuji，我都叫他衛健，他的個性有點像旅人，很多事情都把持不定，也不太敢去做一些決定，只要這個決定有點風險他就不敢去挑戰，對我來說有點可惜，做為電競選手，有這樣的問題會讓實力難以突破。

在 G-Rex 起步之際，我又遇到類似的狀況，公司不知道要把我放在哪個位置比較好，所以先讓我去當了教練，一開始所有事情都很順利，對集團來說我也成功達到了他們想要的效果，也成功創造了一些新聞，後來漸漸轉為總監是因為個人價值不僅僅在於戰術指導上面，另外也有很多活動需要我出席，所以我也漸漸將助理教練傅千威（Wei）往上拉，最後我們的隊伍也成功摘下 2018 年的最佳後勤。

MASTER
SERIES

之所以能成功拿下最佳後勤，我想是因為我們的選手似乎沒有比其他隊伍厲害，但是卻打得很好，對於遊戲的理解也很有一套，所以漸漸的我們打出了漂亮的成績，LMS 這個台灣、香港、澳門專屬的職業聯賽已經漸漸死亡了，我覺得在這樣繼續沉淪下去也沒什麼意思，所以在那個時候全球季中邀請賽（MSI）中台港澳 LMS 賽區被降級，我們必須從入圍賽淘汰賽打起，之所以造成這樣的狀況，正是因為近年 LMS 賽區的表現不盡人意，所以在感謝評委給予我這項榮耀的同時，我也勉勵其他隊伍後勤一起努力，希望能讓 LMS 重返榮耀，在當時很多教練都忙著在追女朋友或者是在做些無關緊要之事，這樣的狀況也讓整個 LMS 生態變得不是很健康，競爭力也不夠，所以才會有這樣有點像是在刺激大家的演說，我覺得在電競圈裡不打出一點成績是沒有意思的，我也希望這個賽區能夠再打出一點成績，畢竟自從 S2 之後，我們似乎便沒有什麼特別好的獎項，而這樣的狀況也讓選手隨著大環境浮浮沉沉，也等於是在浪費他們的職業生涯，雖然那番話有點半挑釁意味，但是那是我的肺腑之言，我很期待能夠看到 LMS 再度偉大、再度創造傳奇、再度重返榮耀的殿堂。

在當時 LMS 來了許多韓援選手，這是個賽區逐漸凋零的警訊，之所以要請溝通比較不好又昂貴的外援選手，便是因為本土沒有選手，最強的選手也漸漸被其他區域挖走了，競爭力也越來越弱，當我們培養起一個還不錯的選手，眨個眼就被 LPL 挖走了，我們變成在幫其他賽區養選手、養後勤，也漸漸沒辦法經營，賽區的資源也越來越少，所以辦戰隊的人都在虧錢，玩電競的也都在虧錢，賠錢生意沒人做，所以漸漸開始有人退場，也讓我們整個賽區被合併或降級的機率提高了，Garena 集團似乎也不願意花更多錢在這個聯賽上面，因為如果他們願意分享資源給戰隊的話，戰隊也更有意願去培養選手，但是在 LMS 賽區，電競選手有許多限制，比如說擔任選手的人一年之內不能再去打其他家的遊戲，或者是限制商演機會等等，有的沒的枷鎖讓戰隊很難營利，選手不能為公司帶來收入，也使得薪水越來越少，預算也越來越少，很希望聯盟正視這樣的問題，雖然我們曾經召開過多次領隊會議，但都沒有下文。

我曾經身為職業選手，所以當然覺得這樣的發展很可惜，但站在選手的角度來想卻不會，因為對成績好的選手來說 LMS 變成是他的跳板，現在的選手已經跟我們當年大相逕庭了，當時的我們只有一支隊伍，只能盡全力打到最好，得硬著頭皮拚到底，但現在如果表現不好、實力不足在這個賽區也沒辦法打出什麼，但他不論如何都能找到工作，看看檯面上就那幾位選手在輪轉著，戰隊的選擇實在是太少了，而且現在的誘惑也太多了，打得好也能轉隊、打不好也能轉隊。

G-REX

PK PK
G-Rex
G-REX
Toyz
~加油~

　　隨著時間的推展，玩家也漸漸對《英雄聯盟》失去熱忱，也越來越少新玩家加入，現在大家都忙著在玩《傳說對決》，誰會對這個電腦版的《傳說對決》有興趣呢？以前台灣伺服器排名還相當有參考價值，現在已經不值一哂，人才外流問題也越來越嚴重了，台灣一旦有出現有潛力的選手便會馬上被挖去大陸當練習生——因為就連擔任練習生的待遇也比台灣好太多了，當然還是有些很不錯的選手，但也要戰隊願意去栽培，要有前輩去培養，而我也樂意去做這樣的事情，也期待 G-Rex 能夠站上顛峰。

追逐榮耀

然而在撂完狠話之後，我就轉職成為英皇電競的總監，負責營運整個品牌形象，但是在夏季賽開賽之後，隊伍狀況不知怎麼的變得很差，當時我們是以1勝5敗開局，直接在賽區墊底，這麼糟糕的狀況下，各大論壇也開始有了負面的評價，所以我又跳回去繼續幫助隊伍重回正軌，我想這也可以稱得上是「老八傳奇」了吧？夏季賽開場，我們的名次是第八名，我們從第一週幾乎全輸到第二週幾乎全贏，我帶著隊伍一路爬。

那時候《英雄聯盟》大改版，下路AD開始流行使用法師型角色，Stitch玩不起來，對他來說要熟悉其他角色型態頭很痛，也抓不太到版本精髓，所以讓隊伍連連失利，在那段時間，有一場我印象很深刻，我又重返賽場為他們進行禁用選角策略的安排，那時候我已經猜到對方會選什麼角色了，那時候我問Stitch：「如果讓你選個傳統AD角色，你會贏嗎？」

他笑著回答我：「我會贏，而且贏很多。」

那場遊戲也如我所料，對方選了斯溫，而Stitch選出了法洛士，在線上的時候他的確取得了巨大的優勢，經濟更是大幅領先對手，但最終隊伍還是輸了這場比賽，平心而論這場的失利並不在他，但是在那個時候隊伍已經連續失利太多場了，也很難心平氣和的討論戰況，電競戰隊的生態就是這樣的，隊伍上每個人或多或少都會有一些問題，有小問題的人們會結盟，然後一起去指責問題最大的選手，這樣大家就會忽略掉那些小問題，但其實正是那些小問題累積起來才造成戰敗的，但與其去檢討這些「枝微末節」，大家更想談論自己想看到的，我想這也是社會的通病，其他選手不斷向教練抱怨，教練消化一下再轉達給 Stitch。

沒有做錯任何事情的 Stitch 面對這樣排山倒海的指責，他的心態也炸裂了，因為他覺得一路走來他並沒有做錯什麼，他該做的也做了、該拿到的也拿到了，所以也讓他有點心態不平衡，面對這樣的狀況，我親自與 Stitch 會談，我明白他的委屈，也表示理解他的難過，畢竟他真的是一位出色的選手，於是我提議讓他先回韓國休假，好好冷靜一下，也勉勵他去練練看法師型角色，我不是要他在賽場上拿出來，而是期勉他能夠了解下路的生態，並明白這樣角色迴圈強在哪裡，才能想出克制的方法，而在他離隊的期間，我們派 Wuji 去打下路，看能不能先墊個檔，等到他回來的時候，適逢改版，而他也他才重回賽場，而我們的隊伍也開始重新嚐到勝利的滋味。

不過在當時的我不僅要為公司規劃，也要為自己的生涯做打算，同時還得照看戰隊，所以我的壓力可以說是相當大的，更擔心兩邊都做不好，剛開始我會覺得自己是不是

SAMSUNG

做錯決定了，春季賽我還是教練，然後當下不論是我個人或是公司判斷，都認為應該要轉手讓我們現在的教練 Wei 去接手我那時候的工作，讓我可以專注於公司整體的發展，當時大家都是同意這個決定的，但是結果出來是很不好的、也很不理想的，當下其實我很懷疑我自己的決定，所以我在夏季賽還是選擇暫時回來幫忙隊伍。

雖然事情很多，我也只能硬著頭皮上了，但是畢竟我是處理過很多「壓力」的人，說句認真的，這一路的大風大浪我都走來了，這樣的挑戰，我還是可以一肩扛下的，雖然說季後賽加賽我們沒有晉級，面對資格賽我們也沒有太大的信心，自從打完HKA之後，我可以感受到隊員的狀況其實都很不錯。

最後我們隊伍成功拿下世界賽的門票，我從來沒想像過這樣的畫面，而距離上次我踏足《英雄聯盟》最高殿堂已經六年了，這是我自從 S2 以來，第一次以戰隊的身分去世界賽，我個人最開心的點在於我能夠從不同的身分達成前進世界賽這個成就，我之前是選手，現在我想從不同方向來證明自己，像是透過教練來證明自己管理戰隊的能力，很開心我能做到，今天贏下的不單單只是這個資格賽，而是證明我們這一年來的努力沒有白費，也讓其他人看見我們即使有過低潮，但也還是能夠再拉回來。

當然事情也沒有那麼簡單，在入圍賽的時候我做了很多功課，也了解了外卡隊伍的想法，我暫時停止了我手邊的工作，公司也相當重視這次比賽的成果，我自然也不辜負期待努力研究所有的對手，也發現了他們的缺陷其實都滿明顯的，對方也被我們打得措手不及，第一輪賽事之後，我便摸透了對方的所有套路，更成功破壞了他們的角色迴圈，也讓我們能夠成功殺進小組賽。

在打入圍賽的時候，我們在一個很狹小的飯店房間裡面進行團練，我們每天在那裡討論戰術、進行訓練、吃飯休息，待了一兩個禮拜，每天看到的畫面都是相同的，與我們對戰的是歐洲勁旅 G2 跟北美戰隊 C9，因為那時候我們都是在入圍賽試圖殺出一條血路的隊伍。

記得那時候我們跟 G2 交手的訓練賽只贏過一場，也在那個時候我意識到了賽區之間的差距，他們的中路與上路可以不斷互換角色，甚至端出你意想不到的角色出來，有時候甚至選完角色就知道他們會贏了，因為他們選了我們選不出來的超強陣容，而進去遊戲之後更不用說，他們每條線路都能夠贏線，不論哪個細節都有優勢，這也讓我大開眼界，我們有學到他們對遊戲的理解，但是應用不了，因為我們的選手實力有限，也讓我相當扼腕。

不過 G2 真的是個相當歡樂的團隊，說來也巧，他們就住在我們隔壁，每次團練要開始的時候，我們會先敲敲那薄薄的牆壁說要開始囉，然後他們也會回敲，有時候也會說些有趣的玩笑，或者是交換食物的情報，隊伍上是一群才華洋溢又不失幽默的選手，氣氛相當輕鬆。

然後我們一同晉級了小組賽，我們便全團移師至釜山，而在這段時間的琢磨之後，我知道我們團隊問題很嚴重，加上和 Fnatic、100 Thieves 與 Invictus Gaming 分在 D 組，打進總決賽的隊伍都在我們這組，在這樣的狀況下基本上是不可能出線的，不只是對手

OMIC
logitech
SAMSUNG

太強，我們隊伍的問題也不可能在一時半刻之間獲得解決，而Empt2y基本上完全被看破手腳，只要他沒有搶到某個角色，或者是被禁用了某些角色，他那場野區就會完全失守，所以我們破罐破摔選擇讓Bayhay上場，他的實力不足成為了眾所皆知的問題，但因為之前他曾經擊潰過閃電狼，所以也建立了一些信心，在小組賽的時候也有讓他上場，但最後還是以0勝6敗止步16強。

其實我一開始沒想到會這麼慘，因為在當時的遊戲版本中，不是可以完全靠實力輾壓的，只要在前期有帶出風向，後期都是有得打的，而在這樣高強度的賽事中，對手都不是菜雞，只要一有失誤他們就會抓著猛打，而我們每場都有嚴重的失誤，選手在實力上也沒辦法壓制，所以最後只能慘澹收場。

不過在剛到釜山的時候，選手是充滿希望的，因為那時候我們從入圍賽中殺出一條血路，而且表現得也還算不錯。我記得那時候PK還打開了「《從零，到一百》台北暗殺星奪冠之路全紀錄」那個影片來看，其實可以窺見他們都還是有夢想的，只是很遺憾的，現實生活不是童話故事，最終我們實現不了這樣的夢想，第一輪打完之後我們基本上是毫無還手餘地的，下路組合會在線上被對手單殺，Candy也占不了Rookie跟Caps的便宜，PK的壓力也不小，野區就更不用說了，在每條線路都輸的狀況下，奪勝的希望趨近於零，經過了幾場比賽之後，我們出線的機率越來越渺茫，選手們都變得很消極，你可以看見光芒從他們的瞳孔中消逝，他們對於職業的熱情正在緩緩被消磨掉。

「取消團練吧。」我說。

我希望這些年輕的選手們不要給自己太大的壓力，因為其實已經沒有出線的可能了，那麼就別再這麼緊繃了，希望他們可以好好放鬆去休息度假，想做什麼就做什麼，想去哪裡玩就去哪裡玩，在練習室裡，我也不做什麼檢討，就簡單點出問題也不去苛責他們，如果想吃宵夜不想團練我也能幫他們安排，因為現在的狀況下不論做什麼都沒有意義，對他們來說也太沉重了，對心態來說也不健康，對他們未來的發展更不是什麼好事。

唯一不能接受這樣安排的便是Stitch，面對慘澹的戰績他是最為失落的一個人，他覺得難得都打到這一步了，難得都打回家鄉故土了，隊伍怎麼可以這麼懶散，因為他是實力不錯的選手所以對自己的要求也很高，他甚至開始在團練的時候直接怪罪隊友，不斷發脾氣，直接說對方打得很差勁，根本沒有把心思放在比賽，你們不能多努力一點嗎？這樣根本不配當電競選手種種，在那個當下整支隊伍情緒都相當沉重，也沒辦法專注在練習上，也無法跟他做有效溝通，當時我靜下心跟他講道理，我跟他分析整體狀況，也跟他說不能隨意怪罪別人。

「其實每個人都有不足的地方，你也有，隊友也有，你在比賽的時候線上也打出優勢，所以也不能完全怪罪到隊友身上，所以沒必要去這樣指責其他人，這樣對隊伍發展不會有幫助。」

一直以來我的執教風格可能跟大家想像中的有點差異，我不喜歡直接用噴的，或者數落選手，因為大家都是大人了，這樣做事有傷自尊的，大家都是明白事理的人，這麼做也只是徒傷感情而已，而 Stitch 也很認真在聽我所說的每一句話，他也明白自己情緒是真的失控了，但在那樣的當下他實在很難控制自己的脾氣。

「我明白了，謝謝教練。」

那時候他看起來相當難受，但我想他也接受了這樣的現實，最後整理一下自己的狀態也就回自己房間休息了。

我們就在這樣輕鬆又有些萎靡的狀況下去進行了第二輪的比賽，在這個階段我們打得比較好，雖然還是一勝未得，但我不覺得可惜，因為我們組內有兩支隊伍打進那屆的總決賽，而我們在線上也是全面被壓制，真的已經沒有什麼好打了，更何況我們從 LMS 賽區第八名打到現在這個高度，老實說也真的是很夠了。

比賽結束之後，吃了韓式燒烤後，我帶著隊伍到飯店附近的沙灘上，我買了一堆鞭炮跟煙火，選手們看著煙花射向遼闊的夜空，年輕的瞳孔倒映著熠熠的光芒，我們圍成一個圈聊著心事，有人哭了有人笑了，明年我們也不知道有沒有緣分再聚首，也有人提前道別，每個人都說了自己想說的，有人說他很高興能加入這個團隊，Empt2y 也說他從來沒想過可以在電子競技這條路上走得這麼遠，也希望大家能記住彼此的好，繼續努力奮鬥，Wei 也展現了他身為教練的態度，他說非常感謝大家的信任，能夠打到這邊是託大家的福，拿到這樣的成績也不要太自責，因為我們已經比很多隊伍都要來得厲害了，至於在先前鬧脾氣的 Stitch 也說了他自己的感想，同時也表達對隊友的感謝，年輕的選手們都笑了，互相推搡著說沒想到他是個這麼悶騷的傢伙。

專注於談心，我們的腳邊散落著很多都還沒點燃的煙火，但我想也不急著點燃，畢竟他們都還年輕，他們還有很多時間可以去發展，也期待他們有一天能夠站上更高的競技殿堂，繼續去競逐屬於他們的榮耀。

最後我想說的

我想說的事情大概就到這邊了，最近的事情你們也都知道得差不多了，Bebe 結婚、我們拍了刮鬍刀的廣告、我開始製作 Vlog、成為了一個 YouTuber，同時我也在為公司打理著上下，努力打造出世界級的電競品牌也期待能夠創造出一番成就。

回顧我的一生，在我年輕的時候我傷害了很多人，因為家裡很窮所以對金錢有相當程度的執著，我也不在意會不會讓別人難過或使對方難堪，那時候的我覺得如果一直讓步最後吃虧的肯定是我自己，所以只要是我能爭取的，我都會努力去爭取，就算粉身碎骨也在所不辭。

然而自從我踏進電競圈之後，我輾轉效力於 TPA 跟 HKA，我遇到了性格與我相同強硬的人像是鍾培生，他和我一樣都是錙銖必較的香港人，就會發現硬碰硬並不是一件讓自己得利的事情，不會有贏的一家，沒有人願意讓步的話只會搞得越來越糟，所以我也慢慢開始學習說話的藝術，處事也漸漸變得圓滑，也開始調適自己的態度。

午夜夢迴時分，我常常會審視自己當初所做的每個決定，如果當初我可以用個更為委婉的方式進行遊說，會不會某些事情就不會發生了？或者是事情會不會有別的轉機？所以我漸漸在改善我的言行舉止，並修正我的價值觀，要說人不會犯錯是不可能的，回顧我人生的風風雨雨，多半都是因為我將標準設得太高，然後我會偏激且不擇手段地去完成我想要的目標，但隨著這些事情的發生，我也開始慢慢學習怎麼去拿捏並顧慮別人的感受，畢竟不是每個人都得接受我的要求，如何讓人舒服地傳達訊息往往才是最重要的，我也會開始去設想別人的角度，以前的我是個衝動而且不顧後果的人，現在我會思索再三才行動，以前我受到不公平的對待時總是會直接表達出我的感受，現在的我也會換個心態去想，處世方式也漸漸變了。

比方說當初在離開 TPA 的時候並沒有很愉快，我的處理方式非常的魯莽，但其實那些人都是曾經幫助過我的人，而在當時我卻因為太年輕而沒有機會去解釋清楚，或者是因為我執意要爭取自己想要的東西而傷害了他們的情感，但後來我還是擁有了新的機會，Bebe 舉行婚禮的那一天，我遇到了過去所有幫過我的人以及我傷害過的人，當然包含了 Retty 和泡芙，當時的我一直覺得沒有必要去解釋那些事情，因為我覺得如果未來沒有什麼交集那就算了，而在那個婚禮上，我有了彌補的機會，但我還是有點害怕，於是我找了當年也在 Garena 工作的水晶一起陪我過去，她在那個時候就已經很照顧我了，就連事發之後她也還是很願意主動問我狀況，並給予安慰的好朋友，在她的陪同下，我主動拿著酒去找他們，他們看到我也沒有避開，反而是像當年一樣看著我，藉著酒與閒話，我慢慢的跟他們講清楚並道歉，當下化開了心結，不過畢竟過了那麼多年，這些事情都的確應該放下了，面對我的主動認錯，他們也露出了欣慰的表情，可能覺得我終於長大了吧。

「對不起。」這句話其實已經擱了太多年了。

「唉呀，沒事，」Retty 笑著說。

我想可能是因為他們年紀也比較大，對於很多事情都會看得比較淡，但這種埋在心底的芥蒂也還是會想要解決，只是苦無時機而已，而這件事情我的確有錯，所以我選擇主動去跟他們道歉。

講回 Bebeb 婚禮，其實我滿意外 TPA 五人裡面第一個結婚的是他（我本來覺得會是 Lilballz 或者是 MiSTakE），因為他向來是這幾個人裡面比較沒有主見的一個人——說不定也是因為這樣所以才選擇這麼早死會，所以看到他結婚其實我第一個想法是：時間怎麼過得這麼快？第二個念頭就是：怎麼結婚的是他？

我想我的個性有點接近浪子吧？我很難理解為什麼他要這麼快結婚，因為我覺得沒有必要這麼快結婚，Bebe 現在已經退役轉型成實況主了，因為結婚所以這份工作可能也會受到影響，西門夜說他也結婚了，感覺他自己的時間也少了很多，限制也變得比較多，很多時候他們可能要趕回家陪老婆吃飯，而像我這樣的傢伙只要隨便點個外賣吃就好了，輕鬆打發，不過我還是由衷地祝福他的，在婚禮上他看起來也相當開心，雖然感受得到他壓力很大，他也會來問我有關於直播的問題，也猶豫著要不要去當戰隊後勤，有點徘徊有點迷茫，但他還是在自己的路途上面走著，人生就是這樣，而因為我認識的朋友很少，Bebe 的婚禮也成為了我第一個參加的婚禮，在那一刻，拿著高腳杯的我坐在自己椅子上，才漸漸意識到自己真的老了。

後來我們五個人也因為刮鬍刀的廣告再度聚首，我們五個人窩在那個小小的更衣室裡面暢談南北，從最近在做什麼？到玩什麼遊戲什麼都聊，唯一沒有說話的人是 MiSTakE，他像是想把自己藏起來一樣，躲在電腦螢幕後面，像是想與世隔絕一樣，在婚禮上也是，他基本上沒有與我們有所交流，就連在他旗下的 Lilballz 也是沒有多說什麼，我後來反覆想了想，MiSTakE 應該只是不想和我們說話而已，不過也大概能理解他的想法，後來我也問過他旗下的藝人說，MiSTakE 平時是不是也這樣，她笑著說：「沒有啊，他比你還好聊啊！」而在這一刻，我也明白了，他不是真的不想與人交際，而是不願意與我們交際而已，看著他盯著筆電螢幕敲敲打打、埋頭苦幹的樣子，也想到了他以前的模樣，那時候的他也是這樣的，將許多事情埋在心底，什麼也都不跟我們說，這麼說來，他其實也都沒變過，壓力一直都很大，對自己的要求也很高。

Bebe則是改變最小的，他還是一樣沒什麼主見，也很容易受到其他人影響，他在當選手的時候只要專心致志於競技賽場就好，但是如果要作自主性很高的工作就會有點猶豫，至於Stanley也變得循規蹈矩，他就繼續保持著自己的模板繼續作直播，Lilballz還是過得很隨興，對什麼事情都無所謂，對他來說只要賺的錢夠在台北租房子、買點數、玩遊戲就可以了，我想他可能是我們之中最無欲無求的人了。

離開TPA之後我經歷了許多驚險之事，老實說就連當初投奔鼎岳集團時，我還是那個年輕氣盛，跟當年甩門差不多等級的年輕人，這樣地狀況一直到我進了英皇集團，開始用比較全面的方式去思考事情才漸漸改善，但我也很慶幸我遇到了這些事情，讓我漸漸有所成長，所以這麼一路走來我覺得自己是個幸運的人，我成為了一個很有故事性的世界冠軍，但其實很多事蹟仔細數來似乎不是個那麼值得讓人崇拜的人，我能活到現在甚至可以算是件相當幸運的事情，而讓我一直堅持下來的便是我一直不放棄夢想，我覺得一個人的意義不在於他的成就，而在於他所企求成就的東西，追夢並不困難，難在於守住夢想，而我從沒忘記初衷。

只是回想一路走來，我真的「SKIP」掉太多步驟了，好勝心太強的我才會受了這麼多的傷、走了這麼多冤枉路，所以如果能夠讓我跳回我人生的某個片段的話，我會選擇回到我求學的時光，回到那方窄窄的村屋裡頭，我會好好完成我的學業，好好過我應該過的生活而不是選擇抄捷徑，當我爸媽問起我的生活時，我也會跟他們聊天，跟他們說說我今天經歷了些什麼，我會跟他談談我在遊戲裡面發生了什麼好笑的事情。

或許是基於這樣的心態，現在我回去會主動找他們聊天，因為經歷了這麼多，我也成為了一個有故事的人了，雖然有些東西我爸媽並不了解，講著講著也懷疑自己是不是對牛彈琴，但是我還是想去跟他們分享。當年我幾乎破產之際，我曾經回去跟我媽借錢，那時候我們也有聊天，但我知道這些事情他們解決不了，所以我也不想讓他們擔心，選擇自己默默承受，而現在我的事業風生水起，他們也放心了。

至於我那在美國發展的哥哥去年才剛回到香港，他在美國酒駕被吊銷執照，又染上了酗酒問題，也使得他在香港沒有辦法工作，所以我每個月拿錢給他，要他戒酒，後來他的確也越喝越少，也成功找到了工作，現在是一位出色的銷售員，當然我心底難免會不平衡，畢竟當年我們家把所有資源都給他，讓他去美國念書，而爸媽也因為這樣的狀況過得較為拮据，但他卻揮霍了這一切，選擇不去面對自己的人生，而我爸媽的婚姻也走到了盡頭，最近我媽問我支不支持這樣的決定，我對她說：「不論妳做什麼決定，我永遠都是妳的兒子。」我想她應該哭了，從小到大，我媽都相當疼我，相反的我的父親卻不太過問，所以讓我的家教有待加強，在人與人之間的相處方式也不及格。

至於人生最後悔的事情莫過於簽下那紙與HKA長達十年的合同，但我對鍾培生也已經毫無感覺了，對我來說這已經完全過去了，這些事情已成為實況中的談資而已，而且其實我也很能理解他的立場，如果易地而處，我會讓我自己死得更慘，我甚至會耗上一輩子，永遠都不提和解，讓自己在泥水中繼續掙扎著，不過也好險在當時遇上了英皇集團的援助，要不然我可能真的一輩子也走不出來。

年輕時候的我性格就是這麼剛烈，有時候有太過於執著所以才會不斷與其他人起摩擦，而經過那件事情我也對合約更加謹慎，盡量不去做讓我有機會後悔的事情，畢竟我做錯了太多錯誤的決定了，因為現在身分的關係，我也漸漸將形象拉高，心態也漸漸轉換了，像是從零開始一樣，將身段放得很低，然後從不一樣的角度出發，一步一步完成我想要的成就，我從沒停下腳步，我不知道未來有著什麼，但我還是繼續前進，我覺得機運這種事情是給兩手都準備好的人，沒有準備的人只能被動接受命運，當年我因為自己的性格缺陷不得不接受某些命運，但現在的我已經準備好了。

說到這裡，我目前的人生故事大概就是這樣了，每個人的青春都會有些風風火火，我的故事也不全是充滿幸福的微笑，或者是痛澈心扉的淚水，其實就是個很普通的年輕人，為了追求他的成就，一路跌跌撞撞的歷程，人生沒有彩排，每一天都是現場直播，過去終究會過去，經驗使我變得更加強大，放下精神的包袱，現在的我輕裝上陣，迎接下一個挑戰。

Zenox
Zenox
Zenox

Zenox

※ 請對折黏封直接投入郵筒，請不要使用釘書機。
※ 無需黏貼郵票。

廣	告	回	信
台北郵局登記證			
台	北	廣	字
第	2218		號

時報文化出版股份有限公司

10803 台北市萬華區和平西路三段 240 號 7 樓

第六編輯部 流行線 收

抽獎回函

請完整填寫讀者回函內容，並於2019.9.20前（以郵戳為憑）寄回「時報出版社」，即可參加抽獎，有機會獲得【香港 **Zenox Saturn Series** 電競椅】一張。

共抽出6名讀者，數量有限，請盡速填寫後寄出！

香港 Zenox Saturn Series 電競椅　市價：8000元

活動辦法：

1. 請沿虛線剪下本回函，填寫個人資料，並黏封好〈請不要使用釘書機〉寄回時報出版〈無需貼郵票〉，將抽出6名讀者。
2. 抽獎結果將分別於2019.9.26及2019.10.17在「時報悅讀網」及「Toyz」Facebook粉絲專頁公布得獎名單，並由專人通知得獎者。
3. 若於2019.10.31前出版社未能聯繫得獎者，視同放棄。

---對摺線---

讀者資料〈請務必完整填寫並可供辨識，以便通知活動得獎者相關訊息〉

姓名：　　　　　　　　　　□先生□小姐

年齡：

職業：

連絡電話：(H)　　　　　　　(M)

地址：□□□

E-MAIL：

注意事項：

1. 本回函不得影印使用 2. 時報出版保有活動變更之權利。
3. 本抽獎活動若有其他疑問，請洽 02-2306-6600#8223 朱小姐

SAMSUNG
QLED GAMING MONITOR
SAMSUNG
QLED GAMING MONITOR
CRG90
CES INNOVATION AWARDS 2019
VESA CERTIFIED DisplayHDR™ 1000
總監 Toyz
指定推薦
超寬曲面電競螢幕
WINNING PLAY.
32:9
32:9 超寬螢幕
DUAL QHD
5,120x1,440 Dual QHD 解析度
商品資訊
◀了解更多
三星商城
◀即刻購買
曲面顯示器全球銷售 No.1
HDR 1000
極致明暗細節對比
QLED金屬亮子點顯色技術
*產品功能與規格依實機為準。
*根據IDC 2018年曲面顯示器台灣地區銷量統計數據，Samsung市佔銷售第一。

我是傳奇

英雄聯盟世界冠軍 Toyz 的人生實況

作　　者 / 劉偉健〈Toyz〉
副 主 編 / 蔡月薰
採訪編輯 / Dalia
執行企劃 / 朱妍靜
封面設計 / 犬良設計
內頁設計 / 季曉彤
排版設計 / 鏍絲釘
照片提供 / Toyz、Garena

特別贊助
Zenox
SAMSUNG QLED GAMING MONITOR

董事長 / 趙政岷
出版者 / 時報文化出版企業股份有限公司
10803 台北市和平西路三段 240 號 7 樓
發行專線 / （02）2306-6842
讀者服務專線 / 0800-231-705、（02）2304-7103
讀者服務傳真 / （02）2304-6858
郵撥 / 1934-4724 時報文化出版公司
信箱 / 台北郵政 79 ～ 99 信箱
時報悅讀網 / www.readingtimes.com.tw
電子郵件信箱 / books@readingtimes.com.tw
法律顧問 / 理律法律事務所 陳長文律師、李念祖律師
印 刷 / 詠豐印刷有限公司
初版一刷 / 2019 年 7 月 19 日
定　　價 / 新台幣 420 元

ISBN978-957-13-7782-7 | Printed in Taiwan | All right reserved.

時報文化出版公司成立於一九七五年，並於一九九九年股票上櫃公開發行，
於二〇〇八年脫離中時集團非屬旺中，以「尊重智慧與創意的文化事業」為信念。

我是傳奇：英雄聯盟世界冠軍 Toyz 的人生實況 /
劉偉健作 . -- 初版 . -- 臺北市：時報文化, 2019.07
面；　公分
ISBN 978-957-13-7782-7(平裝)

1. 劉偉健 2. 臺灣傳記

783.3886　　　　108005333